CHINESE PRONUNCIATION
中国語
発音マスター
CD付き

Takada Yuko
髙田裕子 著

大修館書店

付属の音声 CD について

 は付属 CD のトラック 1 を表します。

　本 CD を使って行う練習方法については「本書の使い方」(p.8) および各 Lesson の説明をご参照ください。

[吹込者]

髙田裕子／魯大鳴／仇暁芸

はじめに

　本書は、初めて中国語の発音を学ぶ人、中国語の発音は学んだものの苦手な発音のある人が、独学で中国語の発音をマスターするための学習書です。

　日本人がとまどう中国語の発音、日本語にはない音の出し方、独特なアクセントなどについて、教育現場での実践と検証を経て考案した、新しい発音学習・発音矯正のための方法とトレーニングをご紹介します。

　本書は独自の学習方法とトレーニングで学んでいただきますので、8ページの「本書の使い方」を読んでから、学習をスタートすると効果的です。

発音マスターはコミュニケーションの第一歩

　言葉のスキルは「読む」「聞く」「話す」「書く」「語彙」の5つですが、その中でもコミュニケーションと言えばすぐ思いつくのは「話す」というスキルだと思います。

　「話す」には発音を学ぶ必要があります。発音に欠点が多いと、話が通じないだけではなく、相手の話す音（発音）を聞き取れないこともあり、これではコミュニケーションは成り立ちません。

　つまり、発音マスターはコミュニケーションのための最も大切な基礎作りなのです。さあ、中国語でのスムーズなコミュニケーションを目指し、正しい発音をマスターしましょう。

本書で学ぶ中国語について

　中国は大変広い国で、面積は日本のおよそ 25 倍に相当します。各地方でさまざまな言葉（方言というよりも地方言語）が話されています。1949 年に中華人民共和国が建国された後、中国政府は中国国内での言葉の違いによる障害を取り除くため、標準語として "普通话 pǔtōnghuà" の普及を推進しました。

　"普通话" とは、"普遍通用 pǔbiàn tōngyòng"「普く（広く）通じる」言葉という意味です。本書では、中国及び中国語圏で広く通用する "普通话" の発音を学びます。

中国語の発音

　中国語は数字などを除き、漢字だけで表記されます。

　日本の漢字には音読みと訓読みがあり、1つの漢字に複数の読み方がありますが、中国語の漢字は、**原則として1つの漢字に1つの読み方しかありません**。ただし、「1つの読み方」には発音のほかに高低アクセントが含まれます。

　中国語の発音は、発音と高低アクセントがセットで構成されます。

発音表記

中国語には発音と高低アクセントを示す表記があります。これを**ピンイン**"拼音 pīnyīn"といいます。

高低アクセントは声調(せいちょう)"声调 shēngdiào"、または四声(しせい)"四声 sìshēng"といいます。

ピンイン"拼音 pīnyīn"の構成

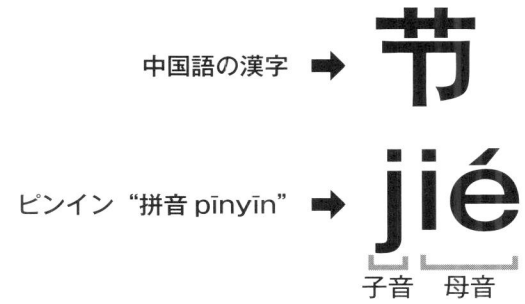

"节"は日本語の「節」の簡体字です。「節」は「せつ」と読み、これは2音節です。

中国語の"节"の発音は"jié"、これは1音節です。

本書では、まず母音(ぼいん)と子音(しいん)の発音をマスターし、その後、声調(高低アクセント)を学びます。

3

Contents

はじめに …………………………………………………… 1
発音マスターはコミュニケーションの第一歩／本書で学ぶ中国語について／中国語の発音／発音表記（ピンイン "拼音 pīnyīn" の構成）

本書の使い方：発音マスターへの４ステップ …………… 8
STEP 1 発音のコツをつかみましょう
STEP 2 ピンインを正しく読みましょう
STEP 3 苦手を克服しましょう
STEP 4 中国語らしいリズムで話しましょう

STEP 1　発音のコツをつかみましょう

UNIT 1　母音　　10

- **Lesson 1**　単母音1 ▶ a,o,e ……………………………………… 11
- **Lesson 2**　単母音2 ▶ i(yi),u(wu),ü(yu), 特殊母音 er …………… 13
- **Lesson 3**　二重母音1 ▶ ao,ou,ua(wa) ………………………… 15
- **Lesson 4**　二重母音2 ▶ ei,üe(yue),ie(ye) ……………………… 16
- **Lesson 5**　二重母音3 ▶ uo(wo),ai,ia(ya) ……………………… 17
- **Lesson 6**　三重母音 ▶ iao(yao),iou(you),uai(wai),uei(wei) … 18
- ■鼻母音完全マスター ……………………………………… 20
- **Lesson 7**　"n" で終わる鼻母音1 ▶ an,en,in(yin) ……………… 21
- **Lesson 8**　"n" で終わる鼻母音2 ▶ ian(yan),uan(wan),uen(wen) … 22
- **Lesson 9**　"n" で終わる鼻母音3 ▶ üan(yuan),ün(yun) ……… 23
- **Lesson 10**　"ng" で終わる鼻母音1 ▶ ang,eng,ong,ing(ying) … 24
- **Lesson 11**　"ng" で終わる鼻母音2 ▶
　　　　　iang(yang),iong(yong),uang(wang),ueng(weng) … 26

UNIT 2　子音　28

- **Lesson 12**　子音1 ▶ b,p,m,f ……………………………………… 29
- **Lesson 13**　子音2 ▶ d,t,n,l ……………………………………… 31
- **Lesson 14**　子音3 ▶ g,k,h ……………………………………… 33
- **Lesson 15**　子音4 ▶ j,q,x ……………………………………… 35
- **Lesson 16**　子音5 ▶ z,c,s ……………………………………… 36
- **Lesson 17**　子音6 ▶ そり舌音（巻舌音）zh,ch,sh,r ………… 37
  - ■そり舌音完全マスター ………………………………… 38
  - そり舌音　発音マスタードリル ………………………… 40

コラム　"e" の発音いろいろ…12 ／音節の切れ目を示すマーク…19
"u" と "ü" …23 ／実際の発音を反映したピンイン表記の変化…25
間違いやすい "ian" と "iang" …27
間違いやすい "i" の発音…34
そり舌音 "zhi" "chi" "shi" "ri" の "i" …39

STEP 2　ピンインを正しく読みましょう

声調について　42

声調とは／声調記号をつける位置のルール／
声調記号をつける母音の優先順位／声調練習の順序について

- **Lesson 1**　第一声 ……………………………………………… 44
  - 発音マスタードリル ……………………………………… 45
- **Lesson 2**　第三声 ……………………………………………… 46
  - 発音マスタードリル ……………………………………… 49
- **Lesson 3**　第四声 ……………………………………………… 50
  - 発音マスタードリル ……………………………………… 52
- **Lesson 4**　第二声 ……………………………………………… 53
  - 発音マスタードリル ……………………………………… 55
- **Lesson 5**　軽声 ………………………………………………… 56
  - 第一声＋軽声／第二声＋軽声／第三声＋軽声／第四声＋軽声
  - 発音マスタードリル ……………………………………… 60

- **Lesson 6** 変調 ··· 61
  - 1）第三声の変調 1　　2）第三声の変調 2（半三声）
  - 3）"一"の変調　　　　4）"不"の変調
  - 発音マスタードリル ·· 66
- **Lesson 7** r 化 ··· 67
  - 音節の後ろに "r" が加わるだけのケース／
  - 音節の最後の "i" が脱落するケース／
  - 音節の最後の "n" が脱落するケース／
  - 音節の最後の "ng" が脱落するケース
  - 発音マスタードリル ·· 72
- **Lesson 8** 声調の応用練習－ 2 音節の単語 ····························· 73
  - 1 第一声＋第一声／2 第一声＋第二声／3 第一声＋第三声／
  - 4 第一声＋第四声／5 第一声＋軽声／6 第二声＋第一声／
  - 7 第二声＋第二声／8 第二声＋第三声／9 第二声＋第四声／
  - 10 第二声＋軽声／11 第三声＋第一声／12 第三声＋第二声／
  - 13 第三声＋第三声（→第二声＋第三声）／14 第三声＋第四声／
  - 15 第三声＋軽声／16 第四声＋第一声／17 第四声＋第二声／
  - 18 第四声＋第三声／19 第四声＋第四声／20 第四声＋軽声
  - 発音マスタードリル ·· 80
- **Lesson 9** 声調の応用練習－ 3 音節の単語 ····························· 82
  - 3 音節の地名／3 音節の人名／3 音節の数字
  - 発音マスタードリル ·· 86

- **コラム** 母音や子音の発音は正確ですか？…51／
  第二声が苦手…62／「r 化」…71

STEP 3　苦手を克服しましょう

コツをつかみにくい発音1　そり舌音 ·· 88

　〈おさらい〉そり舌音完全マスター ·· 89

　　▶ そり舌音 zh ·· 90
　　　"zh" 発音マスタードリル ·· 92
　　▶ そり舌音 ch ·· 93
　　　"ch" 発音マスタードリル ·· 95

6

▶そり舌音 sh ……………………………………………… 96
　　　　"sh"発音マスタードリル ……………………………… 98
　　　▶そり舌音 r ………………………………………………… 99
　　　　"r"発音マスタードリル ………………………………… 101
　コツをつかみにくい発音2 "n""ng"で終わる鼻母音 ………… 102
　　　　"n""ng"発音マスタードリル …………………………… 104
　コツをつかみにくい発音3 有気音　無気音 ………………… 105
　　　　有気音／無気音 発音マスタードリル ………………… 108
　間違いやすい発音1 ü　üe　üan　ün ……………………… 110
　　　　"ü""üe""üan""ün"発音マスタードリル ……………… 113
　間違いやすい発音2 f　h ……………………………………… 114
　　　　"f""h"発音マスタードリル ……………………………… 116

STEP 4　中国語らしいリズムで話しましょう

　　　　中国語らしいリズム―プロソディの大切さ ………… 118
　　　　プロソディのトレーニング方法 ……………………… 120
　　　　自己紹介【学生編】 …………………………………… 121
　　　　自己紹介【社会人編】 ………………………………… 124
　　　　自己紹介【応用編】 …………………………………… 127
　　　　　　①挨拶／②名前／③年齢／④出身地・故郷・現在の住
　　　　　　まい／⑤いま滞在している場所／⑥学生：学校名・学
　　　　　　年・専攻，社会人：職業・勤務先・担当業務／⑦中
　　　　　　国語学習歴／⑧家族／⑨趣味・興味／⑩結びの言葉

　　コラム　プロソディを自分のものに…123
　　　　　堂々と話す…126／不惑・還暦・古稀…132

　　　　　　　　　　　　　　　　　　本文イラスト　JUN ANIMATION

本書の使い方：発音マスターへの4ステップ

STEP1 発音のコツをつかみましょう

　STEP1では、最も重要な基礎である母音と子音の完全マスターを目指します。口の形・発声時の舌の位置・口やのどの周りの筋肉の使い方・力の入れ方・力の抜き方などを、繰り返し練習します。
　CD音声を聞く　→　録音しながら真似して発音する　→　CD音声と録音した自分の発音を比較する　→　CD音声を聞く　→録音しながら真似して発音する　…　必ずこの手順を繰り返してください。
　「自分で欠点に気づくこと」、これこそ発音マスターへの近道です。

STEP2 ピンインを正しく読みましょう

　STEP1で学んだ母音と子音に声調が加わり、発音表記であるピンイン"拼音 pīnyīn"が完成します。現在すでに発音の学習を一通り終えており、声調が不安定な人は、STEP2から始めてください。

STEP3 苦手を克服しましょう

　日本語を母語とする人が特に不得手な発音や、コツをつかみにくい発音、間違いやすい発音に焦点を絞り、一歩進んだ応用練習を行います。学習経験があり、一部の発音に悩んでいる方は、STEP3から始めてもよいでしょう。

STEP4 中国語らしいリズムで話しましょう

　発音をマスターしたら、いよいよコミュニケーションのための本格的な練習を始めます。STEP4のキーワードは、プロソディ"prosody"です。プロソディとは、生き生きと話すための強弱、緩急、間の取り方など、中国語らしいリズムのことをいいます。
　やさしい実用的な例文を用いて、中国語らしいリズムで話す練習をします。

STEP 1

発音のコツを
つかみましょう

- ▶Lesson 1〜2　　単母音
- ▶Lesson 3〜6　　二重母音・三重母音
- ▷鼻母音完全マスター
- ▶Lesson 7〜11　鼻母音
- ▶Lesson 12〜17　子音
- ▷そり舌音完全マスター

母音(ぼいん)

　母音とは、発音を構成する音声のひとつで、日本語では「あいうえお」が母音にあたります。中国語の母音には、日本語の母音と同じように1種類の音からなる「単母音(たんぼいん)」と、2種類または3種類の音からなる「複母音(ふくぼいん)」があります。

◉単母音

　単母音は1音節に1種類の音です。日本語とやや似ている発音もありますが、発音の仕組みを理解してから注意深く聞くと、違う音であることが分かると思います。

　母音の正しい発音には、口の形が最も重要です。だいたい日本語と似たような音だろうと高をくくって、正しい口の形を作らず、日本語式の発音をすると、スタートからつまずいてしまいます。

◉複母音… 二重母音(にじゅうぼいん)・三重母音(さんじゅうぼいん)

　複母音には、1音節に2種類の音を含む「二重母音」と、3種類の音の「三重母音」があります。

　2種類、または3種類の音を、それぞれクリアに発音しつつ、1音節であることを意識して滑らかに発音することが大切です。

> 母音と子音の発音は、全て自然な高さの平らな音で学習します。
> 「声調」についてはSTEP2でじっくり学びます。

発音練習のために用意するもの

▶鏡
▶ICレコーダ（または録音機能つきの携帯電話等）

Lesson 1

単母音 1 　　 a o e

　単母音は中国語の発音の最も基礎となる音です。
日本語のローマ字表記の読みと混同しないようにしてください。

日本語の「ア」より大きく口を開け、
「アー」とクリアに発音します。

🔔 口を自然に大きく開け、口の中のスペースを広くするようなイメージです。

> 発音の基礎の学習段階ですが、いま練習中の音も中国語の漢字の発音に結びついていることをしっかりイメージしましょう。
> "a" で発音できる字　　阿（接頭語／音訳字）　啊（感嘆詞）

日本語の「オ」より唇を丸くし、
「オー」と発音します。

🔔 唇に少し力をいれて発音しましょう。

> "o" で発音できる字　　噢（感嘆詞）　哦（感嘆詞）

口の周りの力を抜き、舌にものどにも力を入れません。口を少し開けて「ウー」と発音します。

❗ あいまい母音ともいわれる音です。「ウー」とも「エー」とも聞こえます。日本語に似た音がないので、慣れるまで時間をかけて練習しましょう。

口の開き加減がよくわからない場合は、割りばしの先を前歯で軽くかんだまま「ウー」と発音してみましょう。
"e"で発音できる字　　饿（お腹がすく）　额（ひたい）

"e"の発音いろいろ

"e"の発音には大きく分けて2種類あります。
1つはあいまい母音の"e"、もう1つは「エ」に近い発音です。
あいまい母音の"e"で発音するのは、次のとおりです。

de　te　ne　le　ge　ke　he

特殊母音の"er"（p.14）
鼻母音の"en"（p.21），"eng"（p.24）の"e"

これ以外の"e"は、ほぼ例外なく「エ」に近い音です。

注意したいのは鼻母音の"en"です。鼻母音の"en"の"e"は本来あいまい母音の"e"の音ですが、子音と結びつくと、「エ」に近い音に聞こえることがあります。

Lesson 2
単母音2
特殊母音

i(yi)　u(wu)　ü(yu)
er

STEP 1　発音のコツをつかみましょう

※単独で1音節となる場合は"yi"と表記します。

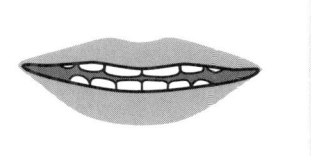

日本語の「イ」の口の形より口をぐっと横に引き、「イー」と発音します。

❗ 口を思い切り横に引くことが大切です。

　"i(yi)"で発音できる字　　一（数字の一）　衣（服）

※単独で1音節となる場合は"wu"と表記します。

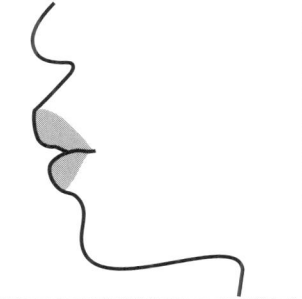

日本語の「ウ」より少し唇を突き出し、「ウー」と発音します。

❗ 唇に少し力を入れ、唇を突き出しながら発音します。奥歯をかみ合わせないように注意しましょう！

　"u(wu)"で発音できる字　　物（もの）　乌（からす）

 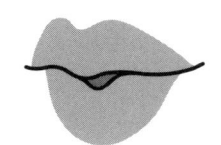

※単独で1音節となる場合は"yu"と表記します。

"u"の口の形（p.13）を作って、「イー」と発音します。

❗ 日本語の「ウ」よりも唇に力を入れて発音します。鏡で"u"の口の形ができていることを確認してから、「イー」と発音しましょう。「イー」と発音している時に、上唇と下唇が振動でくすぐられるような感じがすればOKです。

"ü(yu)"で発音できる字　玉（美しい石）　鱼（魚）

●特殊母音　er

"er"は常に単独で1つの音節になり、決して子音と結びつきません。そのため特殊母音と呼ばれます。

 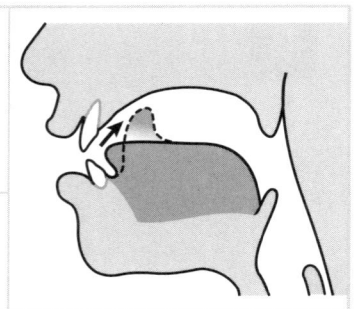

口の周りの力を抜いて口を少し開け、あいまい母音"e"（p.12）を発音しつつ、口の中で舌先を反り上げます。

❗ 口の中で舌先を反りあげる時、舌先は口の中のどこにも触れません。1音節であることを意識して、なめらかに発音しましょう。

"er"で発音できる字　耳（耳）　儿（子供）

Lesson 3

二重母音 1   ao ou ua(wa)

　二重母音とは、これまで学んだ単母音を2種類組み合わせた母音です。2種類の母音で構成されますが、1音節の音です。下線を引いた音は「主母音」といい、やや強く発音する音です。

a̲o

　口を大きく開けながら「ア」を強く発音し、続けて唇を丸めて「オ」をやや弱く言います。「**ア**オ」となめらかにつなげるよう意識しましょう。

　　"ao"で発音できる字　　凹（くぼむ）　熬（煮る）

o̲u

　唇を丸めて「オ」と強く発音し、続けて口を少し突き出すようにして「ウ」をやや弱く言います。「**オ**ゥ」となめらかにつなげるよう意識しましょう。

　　"ou"で発音できる字　　欧（ヨーロッパ）　鴎（かもめ）

ua̲　　※単独で1音節となる場合は"wa"と表記します。

　唇を丸くし少し突き出すようにして「ウ」をやや弱く言い、続けて口を大きく開けながら「ア」を強く発音します。「ウ**ア**」となめらかにつなげるよう意識しましょう。

　　"ua"で発音できる字　　蛙（かえる）　挖（掘る）

STEP 1　発音のコツをつかみましょう

Lesson 4

二重母音2　　ei　üe(yue)　ie(ye)

下線を引いた音は「主母音」といい、やや強く発音する音です。

e<u>i</u>

日本語の「エ」よりも口を横に引いて「エ」と強く発音し、続いて同じ口の形で「イ」をやや弱く言います。「**エ**イ」となめらかにつなげるよう意識しましょう。

"ei"で発音できる漢字　　欸（はい、えっ、ねえ　などの意味）

ü<u>e</u>

※単独で1音節となる場合は"yue"と表記します。

日本語の「ウ」より唇をすぼめて「イ」とやや弱く言い、続いて口を横にぐっと引いて「エ」を強く発音します。「ユ**エ**」となめらかにつなげるよう意識しましょう。

"üe(yue)"で発音できる漢字　　月（つき）　约（約束する）

i<u>e</u>

※単独で1音節となる場合は"ye"と表記します。

日本語の「イ」よりも口を横に引いて「イ」をやや弱く言い、続いて同じ口の形で「エ」を強く発音します。「イ**エ**」となめらかにつなげるよう意識しましょう。

"ie(ye)"で発音できる漢字　　夜（よる）　业（職業）

Lesson 5

二重母音3　　uo(wo)　ai　ia(ya)

下線を引いた音は「主母音」といい、やや強く発音する音です。

u<u>o</u>
※単独で1音節となる場合は"wo"と表記します。

　唇を丸くし少し突き出すようにして「ウ」をやや弱く言い、続けて「オ」を強く発音します。「ウ**オ**」となめらかにつなげるよう意識しましょう。

　"uo(wo)"で発音できる漢字　　我（私）　蜗（カタツムリ）

<u>a</u>i

　口を大きく開けて「ア」を強く発音し、続けて口を横に引いて「イ」をやや弱く言います。「**ア**イ」となめらかにつなげるよう意識しましょう。

　"ai"で発音できる漢字　　哀（悲しむ）　愛（愛する）

i<u>a</u>
※単独で1音節となる場合は"ya"と表記します。

　口を強く横に引いて「イ」をやや弱く言い、続けて口を大きく開けて「ア」を強く発音します。「イ**ア**」となめらかにつなげるよう意識しましょう。

　"ia(ya)"で発音できる漢字　　鴨（アヒル）　牙（歯）

STEP 1　発音のコツをつかみましょう

Lesson 6

三重母音

iao(yao)　iou(you)
uai(wai)　uei(wei)

3種類の母音から構成される1音節です。
下線を引いた音が強く発音する「主母音」です。

i**a**o

※単独で1音節となる場合は"yao"と表記します。

口を横に強く引いて「イ」、すぐに口を大きく開けて「ア」と強く発音し、続けて「オ」を添える感じです。「イ**ア**オ」となめらかにつなげるよう意識しましょう。

"iao(yao)"で発音できる漢字　　药（薬）　腰（こし）

i**o**u

※単独で1音節となる場合は"you"と表記します。

口を横に強く引いて「イ」、すぐに唇を丸めて「オ」を強く発音し、続けて「ウ」を添える感じです。「イ**オ**ウ」となめらかにつなげるよう意識しましょう。

"iou(you)"で発音できる漢字　　友（友人）　油（あぶら）

❗ 三重母音"iou"は子音と結びつくと、"o"のない"iu"と表記されます。と同時に"o"はごく弱い音になり、主母音は"u"となります。

※単独で1音節となる場合は "wai" と表記します。

　唇を丸めて少し突き出しながら「ウ」、すぐに口を大きく開けて「ア」と強く発音し、続けて「イ」を添える感じです。「ウ**ア**イ」となめらかにつなげるよう意識しましょう。

　"uai(wai)" で発音できる漢字　　外（外側）　歪（ゆがむ）

※単独で1音節となる場合は "wei" と表記します。

　唇を丸めた「ウ」の形からスタートし、すぐに口を横に強く引いて「エ」と強く発音し、続けて「イ」を添える感じです。「ウ**エ**イ」となめらかにつなげるよう意識しましょう。

　"uei(wei)" で発音できる漢字　　味（味わい）　尾（しっぽ）

> ❗ 三重母音 "uei" は子音と結びつくと、"e" のない "ui" と表記されます。と同時に "e" はごく弱い音になり、主母音は "i" となります。

音節の切れ目を示すマーク

　2字以上の熟語などで、2音節目以降の音節が、母音 "a" "o" "e" で始まる時は、音節の切れ目を示すマークが必要です。このマークのことを隔音記号（かくおん）と言います。

　例えば、"Xī'ān"（西安（せいあん））と隔音記号があれば、"Xī" と "ān" という2つの音節から成る言葉だと分かりますが、"Xīān" と表記されていると1音節と認識されてしまいます。

　小さなことのようですが、このルールもとても大切です。

STEP 1　発音のコツをつかみましょう

鼻母音完全マスター

　後ろに"n"または"ng"が付く母音を**鼻母音**といいます。発音する時に鼻から息が抜けるため、こう呼ばれています。

▶"n"の発音マスター

　鼻母音の"n"は「案内（あんない）」の「ん」の発音と同じです。

　日本語で「案内（あんない）」という時の「ん」を、よく意識して発音してください。舌先はどのような形で、口の中のどこに触れていますか。

　「ん」と発音する時、舌先の面が上の前歯の裏側についているのを確認できたと思います。

　「案内（あんない）」の「ん」だけを、「ん、ん、ん…」とゆっくり何度も繰り返し練習し、"n"発音時の舌の位置・感覚・音を覚え、定着させてください。

▶"ng"の発音マスター

　鼻母音の"ng"は「変化（へんか）」の「ん」の発音と同じです。

　日本語で「変化（へんか）」という時の「ん」をよく意識して発音してみましょう。特に舌の付け根あたりの感じを意識してください。

　「ん」という時、舌の付け根あたりが、のどの上側へ盛り上がり、のどからの息を遮断するのを確認できたと思います。

　「変化（へんか）」の「ん」だけを、「ん、ん、ん…」とゆっくり何度も繰り返し練習し、"ng"発音時の舌の位置・感覚・音を覚え、定着させてください。

Lesson 7

"n" で終わる **鼻母音 1**　　an　en　in(yin)

STEP 1 発音のコツをつかみましょう

"n" の発音は「案内」の「ん」

an

口を大きく開き「ア」と発音し、それから「案内（あんない）」の「ん」と続けます。

"an" で発音できる漢字　　安（安定する）　暗（暗い）

en

あいまい母音の "e"（p.12 参照）を発音し、それから「案内（あんない）」の「ん」と続けます。

"en" で発音できる漢字　　恩（恩恵）　摁（指先で押す）

in

※単独で1音節となる場合は "yin" と表記します。

口を横に引いて「イ」と発音し、それから「案内（あんない）」の「ん」と続けます。

"in(yin)" で発音できる漢字　　音（音声）　引（引く）

Lesson 8

"n"で終わる 鼻母音 2

ian(yan)　uan(wan)
uen(wen)

"n"の発音は「案内」の「ん」

ian
※単独で1音節となる場合は"yan"と表記します。

口を強く横に引いて「イ」、続けて同じ口の形をキープしたまま「エ」と発音し、「案内（あんない）」の「ん」と続けます。

❗ "ian(yan)"の"a"は、単母音の"a"とは違う音で、口の形も違います。「エ」に近い発音ですから、気をつけましょう。

"ian(yan)"で発音できる漢字　　眼（目）　盐（塩）

uan
※単独で1音節となる場合は"wan"と表記します。

唇を丸くして少し突き出しながら「ウ」、続けて口を大きく開きながら「ア」と発音し、「案内（あんない）」の「ん」と続けます。

"uan(wan)"で発音できる漢字　　万（数字単位の万）　玩（遊ぶ）

uen
※単独で1音節となる場合は"wen"と表記します。

唇を丸くして少し突き出しながら「ウ」、続けて口を横に強く引いて「エ」と発音し、それから「案内（あんない）」の「ん」と続けます。

❗ "uen(wen)"の"e"はあいまい母音の"e"とは異なり、「エ」に近い音です。

"uen(wen)"で発音できる漢字　　文（文章）　问（質問する）

❗ "uen"は子音と結びつくと、"e"のない"un"と表記されます。と同時に"e"はごく弱い音になり、主母音は"u"となります。

22

Lesson 9

"n" で終わる **鼻母音 3** 　　 üan(yuan)　ün(yun)

"n" の発音は「案内」の「ん」

üan
※単独で1音節となる場合は "yuan" と表記します。

「ウ」よりもっと唇をすぼめた口の形で「イ」、続いてクリアな音で「ア」、それから「案内（あんない）」の「ん」を発音します。

"üan(yuan)" で発音できる漢字　　远（遠い）　愿（願う）

ün
※単独で1音節となる場合は "yun" と表記します。

「ウ」よりもっと唇をすぼめた口の形で「イ」、それから「案内（あんない）」の「ん」と発音します。

"ün(yun)" で発音できる漢字　　云（雲）　晕（頭がくらくらする）

Column

"u" と "ü"

"y" "j" "q" "x" の後ろにある "u" は、必ず "ü" の音です。ですから、以下のピンイン中の "u" は、"ü" の音で読みます。

"yu"　　"yue"　　"yuan"　　"yun"
"ju"　　"jue"　　"juan"　　"jun"
"qu"　　"que"　　"quan"　　"qun"
"xu"　　"xue"　　"xuan"　　"xun"

これに対し、子音 "n" や "l" のように、後に "u" も "ü" も来る場合は、¨（ウムラウト）を省くことはできません。

Lesson 10

"ng" で終わる **鼻母音 1**　　ang eng ong ing(ying)

"ng" の発音は「変化」の「ん」

ang

口を大きく開けて「ア」、続けて「変化（へんか）」の「ん」と発音します。

"ang" で発音できる漢字　　昂（仰ぐ）

eng

あいまい母音の "e"（p.12 参照）を発音し、続けて「変化（へんか）」の「ん」を続けます。

"eng" で発音できる漢字　　鞥（馬の手綱）

ong

唇を丸くして「オ」、続けて「変化（へんか）」の「ん」を発音します。

"ong" 単独で発音できる漢字はありません。

 ※単独で1音節となる場合は"ying"と表記します。

口を横に強く引いて「イ」、続けて「変化（へんか）」の「ん」を発音します。

"ing(ying)"で発音できる漢字　英（才智にたけた人）　影（かげ）

STEP 1　発音のコツをつかみましょう

Column

実際の発音を反映したピンイン表記の変化

　p.18／19／22で練習した三重母音"iou""uei"と鼻母音の"uen"は、子音と結びついたときの表記はそれぞれ"iu""ui""un"であると学びました。どうして実際の表記から、主母音の"o"や"e"が消えてしまったのでしょう？

　それは、これらの母音が子音と結びつき、1つの音節として発音されると、"o"や"e"がごく弱くなるからなのです。ピンインはこの実際の発音を反映したものといえます。

　ピンイン表記から"o"や"e"が消えても、その音が全く消えるわけではありません。声調によって、やや聞こえる場合があります。

　単語の発音をじっくり確かめる必要がある時、または漢詩を朗読する時などは、ピンイン表記から消えた"o"や"e"を少し意識するかもしれませんが、実際の会話では、"o"や"e"の音を意識する必要はほとんどないでしょう。

Lesson 11

"ng" で終わる **鼻母音 2**

iang(yang)　iong(yong)
uang(wang)　ueng(weng)

"ng" の発音は「変化」の「ん」

iang
※単独で1音節となる場合は "yang" と表記します。

　単母音 "i" と鼻母音 "ang" の組み合わせです。口を強く引いて「イ」、口を大きく開いて「ア」、続けて「変化（へんか）」の「ん」となめらかに続けます。

"iang(yang)" で発音できる漢字　　羊（ひつじ）　氧（酸素）

iong
※単独で1音節となる場合は "yong" と表記します。

　単母音 "i" と鼻母音 "ong" の組み合わせです。口を強く引いて「イ」、口を小さくすぼめて「オ」、続けて「変化（へんか）」の「ん」となめらかに続けます。

"iong(yong)" で発音できる漢字　　用（用いる）　永（久しく長い）

uang
※単独で1音節となる場合は "wang" と表記します。

　単母音 "u" と鼻母音 "ang" の組み合わせです。唇を丸くし少し突き出しながら「ウ」、口を大きく開いて「ア」、続けて「変化（へんか）」の「ん」となめらかに続けます。

"uang(wang)" で発音できる漢字　　网（網）　忘（忘れる）

ueng

※この母音は常に単独で1音節となり、実際は"weng"と表記します。

単母音"u"と鼻母音"eng"の組み合わせです。唇を丸くし少し突き出しながら「ウ」、あいまい母音の"e"（p.12参照）を発音し、続けて「変化（へんか）」の「ん」となめらかに続けます。

"ueng(weng)"で発音できる漢字　翁（老人）

間違いやすい"ian"と"iang"

"ian"（p.22参照）と"iang"（p.26参照）はむずかしい発音ではないのですが、単語や文章を読む応用段階に入ると、とたんに間違える人が多くなります。

"ian"は「イエん」

"iang"は単母音"i"と鼻母音"ang"の組み合わせですから「イアん（変化の「ん」）」

これをしっかり覚えてください。

子音と鼻母音"ian"「イエん」の組み合わせは次の11だけです。
yan bian pian mian dian tian nian lian jian qian xian

子音と鼻母音"iang"「イアん（変化の「ん」）」の組み合わせは次の6つだけです。
yang niang liang jiang qiang xiang

何度も声を出して読み、間違えないようにいたしましょう。

STEP 1　発音のコツをつかみましょう

UNIT 2 子音

　中国語の子音の大きな特徴は、「無気音」と「有気音」があるということです。ここでいう「**気**」というのは発音の時に勢いよく出る息—**破裂音を伴った息**—のことを指します。

　「無気音」「有気音」の違いは、発音時に息が出るか出ないかではなく、「パッ」「トゥッ」などの破裂音の有無にあるのです。

破裂音なしが「無気音」、破裂音ありが「有気音」です。

無気音	b	d	k	j	zh	z
有気音	p	t	k	q	ch	c

　上の表の上段が無気音、下段が有気音の表記です。「有気音」と「無気音」の区別は非常に厳密です。

　例えば、"坡 pō"（坂）は有気音ですから、"p" の破裂音がきちんと出ていれば問題なく通じます。しかし、"p" の破裂音が不十分な場合は無気音と認識され、"波 bō"（波）と聞こえてしまいます。

　無気音はそれほど神経質にならなくても大丈夫ですが、有気音の「破裂音」には充分注意を払い、慣れるまでは大げさなくらいに「破裂音」を強調して練習しましょう。

> 中国語の発音では、「声調」といわれる高低アクセントも重要な要素ですが、「声調」については STEP 2 でじっくり学びます。
> 母音と子音の発音は、全て自然な高さの平らな音で学習します。

Lesson 12

子音 1　　b p m f

☆☆ 息を遮断して　発音スタート ☆☆

母音"o"をつけて練習します。

この口の形から発音スタート

b　bo

無気音です。
"b"は、口を閉じて息を遮断した状態から息を出します。続けて母音"o"を発音します。

p　po

有気音です。
"p"は、口を閉じて遮断した息を勢いよく破裂させます。続けて、母音の"o"を発声します。

m　mo

"m"は、口を閉じて息を遮断してから息を出します。続けて母音"o"を発音します。

STEP 1　発音のコツをつかみましょう

この口の形から発音スタート

f　fo

　"f"は、まず下唇で下の歯を少し覆いながら、下唇を上の前歯につけ、息を遮断した状態を作ります。
　それから息を出し、続けて、母音"o"を発音します。

忘れていませんか？　自分自身で気づくこと

CD音声を聞く　　→　　録音しながら真似して発音する
→　　CD音声と録音した自分の発音を比較する

Lesson 13

子音 2　　d t n l

☆☆ **舌先の面を上前歯の裏に押しつけて発音スタート** ☆☆

あいまい母音 "e" をつけて発音の練習をします。

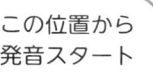
この位置から発音スタート

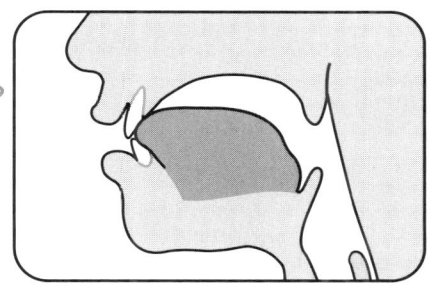

d　de

無気音です。

"d" は、舌先の面を上前歯の裏に押しつけ、舌先を離しながら息を出します。続けてあいまい母音 "e" を発音します。"e" は、p.12 参照。

t　te

有気音です。

"t" は、舌先の面を上前歯の裏に押しつけ、舌先を離しながら息を勢いよく破裂させます。続けてあいまい母音 "e" を発音します。"e" は、p.12 参照。

n ne

"n" は、舌先の面を上前歯の裏に押しつけ、舌先を離します。続けてあいまい母音 "e" を発音します。"e" は、p.12 参照。

l le

"l" は、上の前歯裏側に舌先をしっかり押しつけてから、あいまい母音 "e" を発音します。"e" は、p.12 参照。

❗ 子音 "l" のつく音は日本語の「ラ、リ、ル、レ、ロ」にやや似ていますが、舌をしっかり押しつけてから発音すると全く違う音であることが分かります。

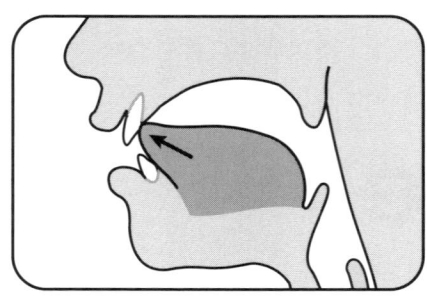

Lesson 14

子音 3　　g k h

☆☆　息の遮断、息の出し方を意識する　☆☆

　日本語で「か」と言う時、舌の奥の部分が盛り上がり、息の流れを遮断しているのが分かりますか。子音の "g k" は、その息の流れが遮断された状態からスタートします。

　あいまい母音 "e" をつけて発音の練習をします。"e" は、p.12 参照。

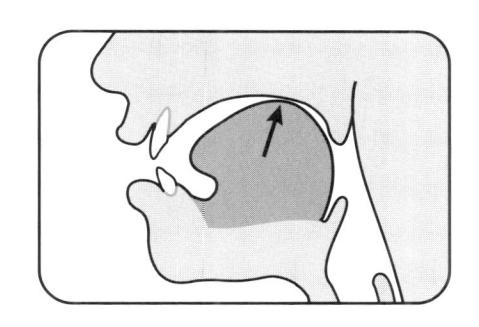

g　ge

無気音です。

　"g" は、日本語の「ガ ga」を発音する時の「g」と同じです。続けてあいまい母音の "e"（p.12）を発音します。

k　ke

有気音です。

　"k" は、破裂音を意識して日本語の「カ行」を発音するような感じです。続けてあいまい母音の "e"（p.12）を発音します。

STEP 1　発音のコツをつかみましょう

h　he

"h"は、息がのどを通る時の摩擦音です。のどの奥から息を出しながら、続いてあいまい母音の"e"（p.12）を発音します。

❗ "h"は、寒い時に冷えた手を温めるために、息を「ハーッ、ハーッ」と手のひらに吹きかける時の息だけの音と似ています。

Column

間違いやすい"i"の発音

"ji""qi""xi"の"i"は口を横にぐっと引いて「イー」と発音しますが、"zi""ci""si"の"i"は「イ」の口の形で「ウー」と発音します。単語や文章の中に"zi""ci""si"が紛れていると、間違えやすいので気を付けましょう。

Lesson 15

子音4　　j q x

☆☆　**舌先を下歯茎につけたまま発音スタート**　☆☆

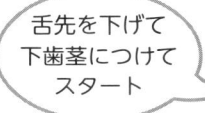

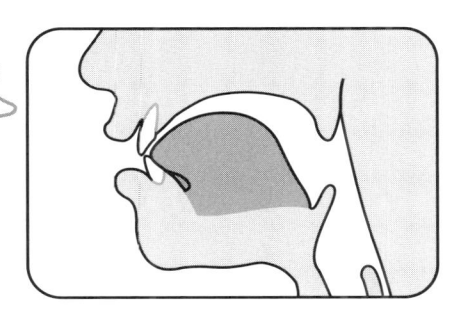

舌先を下げて下歯茎につけてスタート

j　ji

　無気音です。舌先を下歯茎につけてから、母音"i"の口の形を作り「ジー」と発音します。

q　qi

　有気音です。舌先を下歯茎につけてから、母音"i"の口の形を作り、破裂音を出してから「チー」と発音します。

x　xi

　舌先を下歯茎につけてから、母音"i"の口の形を作り「シー」と発音します。

❗ "xi"は上の歯と下の歯の間を息がとおる摩擦音を伴います。

Lesson 16

子音5　　z c s

☆☆　舌先を上前歯裏と歯茎の間あたりにつけて発音スタート　☆☆

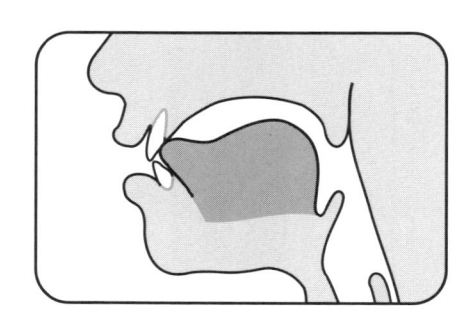

z zi

　無気音です。口を少し開け、上下の歯を合わせ、舌先をその裏に押しつけてから、"イ"の口の形で「ズー」と発音します。

c ci

　有気音です。口を少し開け、上下の歯を合わせ、舌先をその裏に押しつけてから、"イ"の口の形で勢いよく破裂音を出し「ツー」と発音します。

s si

　無気音です。口を少し開け、上下の歯を合わせ、"イ"の口の形で「スー」と発音します。舌先は歯の裏に押しつけません。

Lesson 17
子音6
そり舌音（巻舌音）

zh　ch　sh　r

STEP 1　発音のコツをつかみましょう

　そり舌音（巻舌音）は、中国語の発音の中で最もユニークです。日本語にはない音ですので、どのように発音してよいやら見当がつかず、苦手意識を持つ人もいると思います。

　そり舌音（巻舌音）という名前がついてはいますが、私たちがイメージする「舌を反る」「舌を巻く」という感じとは少し違います。ポイントは口の中の舌の位置であることをよく覚えておいてください。
　"zh" "ch" "sh" "r" という4つの発音のコツには共通点がありますので、ここでは他の発音紹介とは異なり、6プロセスで "zh" "ch" "sh" "r" という4つの発音を連続してマスターする方法を紹介します。

　母音 "i" をつけて練習しますが、ここでマスターしていただきたいのは、

「舌先が口の中のどの位置に触れているか」
「どのように触れているか」
「どのように離れているか」
「どういう音がするか」 という4点です。

　次に紹介する「そり舌音完全マスター」を、必ず①から順に、ゆっくり何度も声を出しながら繰り返し練習してください。

そり舌音完全マスター

CD 17

① **日本語で「タ、タ、タ、タ…」とゆっくり発音してください。**

　　この時、舌がどういう形で、口の中のどこに触れているかを確認しましょう。声を出しながら、舌の触れている位置を何度もしっかり確認してください。

② **上の①で確認した位置に、今度は舌の先端だけを当て、「タ、タ、タ、タ…」とゆっくり発音してみましょう。**

　　「タ」とは聞こえず、少し鋭い息だけの音になりますが、かまわず発音してください。このプロセスでは、舌先の触れる位置と舌先だけで発音する感覚を覚えてください。

③ **上の②と同じ要領で、舌先だけを使って、今度は「ジー、ジー、ジー、ジー…」とゆっくり繰り返し発音してみましょう。**

　　これが"zhi"の発音です。

④ **②と同じ要領で、舌先だけを使って、今度は「チー、チー、チー、チー…」とゆっくり繰り返し発音してみましょう。**

　　破裂音を意識して発音すれば、"chi"の発音です。

⑤ **舌先を当てているところからほんの少しだけ舌先を離し、離した状態をキープしたまま「シー、シー、シー、シー…」とゆっくり発音してみてください。**

舌先を少し離したところを息が流れ、こすれたような音になると思います。これが"shi"の発音です。

⑥ ⑤と同じ要領で「リー、リー、リー、リー…」と発音してみましょう。

　　　これが"ri"の発音です。

そり舌音 "zhi" "chi" "shi" "ri" の "i"

　そり舌音"zh""ch""sh""r"は母音"i"をつけて練習しました。"zhi""chi""shi""ri"の"i"は、そり舌音の口の中の状態をキープしたまま（口をぐっと横に引かずに）発音しますので、ややこもった音に聞こえます。p.13で学んだ単母音"i"は口をぐっと横に引いて発音し、クリアな「イー」という音でしたから、明らかに違う音です。でも難しいことは何もありません。そり舌音の発音は、子音であるそり舌音の口の中の状態を最優先して発音することを覚えておけばOKです。

　p.34で「間違いやすい"i"の発音」として、"ji""qi""xi"と"zi""ci""si"の"i"の違いについて説明しました。この2種類に加え、そり舌音"zhi""chi""shi""ri"の"i"も音声学の観点から見ますと、異なる音として分類されています。しかし本書では実際に発音できることに主眼を置いていますので、"i"に関する音声学的な分析は省略いたします。

そり舌音　発音マスタードリル

1) CD音声の後について言いながら、発音表記を書いてみましょう。
　⇒答えは下

① _____
② _____
③ _____
④ _____
⑤ _____
⑥ _____

2) CD音声の後について言いながら、発音表記を書いてみましょう。

① _____
② _____
③ _____
④ _____
⑤ _____
⑥ _____

【答え】1) ① chi ② shi ③ zhi ④ ri ⑤ chi ⑥ shi
2) ① zhichi ② chishi ③ zhishi ④ chizhi ⑤ zhizhi ⑥ chiri

STEP 2

ピンインを正しく読みましょう

▷ 声調について
▶ Lesson 1　第一声
▶ Lesson 2　第三声
▶ Lesson 3　第四声
▶ Lesson 4　第二声
▶ Lesson 5　軽声
▶ Lesson 6　変調
▶ Lesson 7　ｒ化
▶ Lesson 8　声調の応用練習　2音節の単語
▶ Lesson 9　声調の応用練習　3音節の単語

声調について

●**声調とは**

　中国語には1音節に1つの高低アクセントがあります。この高低アクセントのことを、「声調〔せいちょう〕"声调"」、あるいは「四声〔しせい〕"四声"」といいます。

　声調は「声調記号」で表します。
　単母音"a"の上に記されているのが、「声調記号」です。

ā	第一声	高→高	最も高く、高い音をキープ。
á	第二声	中↗高	やや低い音と高い音を連続して発音。
ǎ	第三声	低→低	最も低く、低い音をキープ。
à	第四声	高↘低	最も高い音と低い音を連続して発音。

	第一声 ā	第二声 á	第三声 ǎ	第四声 à
高 中 低	⟶	↗	⟶	↘

＊声調の高さ、低さは相対的なものです。ただし、その高低差は一般的に私たちが想像するよりもかなり大きいので、CD音声を参考にしてください。

●声調記号をつける位置のルール

　声調記号は、必ず母音の上につけます。

　二重母音・三重母音など、2つ以上の母音で構成されている場合は、主母音の上につけます。

　主母音を忘れても、次の優先順位を覚えておけば安心です。

●声調記号をつける母音の優先順位

$$a \to o \to e \to i \to u \to ü$$

　1つだけ例外がありますので、気を付けましょう。

　"iu" "ui" の場合は、それぞれ後ろの母音 "u" "i" の上につけます。

　また、細かいことですが、"i" の上に声調記号をつける場合は、"ǐ" "í" のように、"i" の上の点の位置に声調記号をつけます。

●声調練習の順序について

　声調の練習は、第一声から第二、第三、第四声の順に行うのが一般的ですが、本書では、**声調の高低差をより認識しやすく、高さ低さを把握しやすくするために、第一　→　第三　→　第四　→　第二声の順に練習**していきます。

Lesson 1

第一声　　高 ➡ 高　高い音をキープ

第一声は、四声の中で最も高く、やや長く発音します。
まず単母音"a"で練習しましょう。

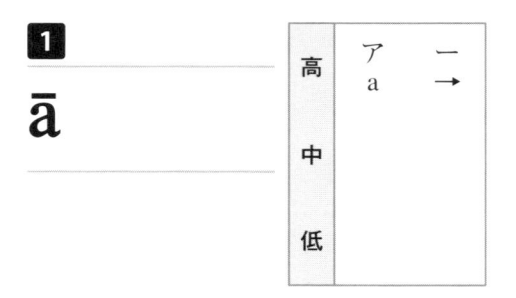

1

ā

高	ア　ー
	a　→
中	
低	

発音を確認！
▶ "a"は口を大きく開けてクリアに「アー」

第一声の2音節の単語を発音してみましょう。

2

qībā

七八（数字の7、8）

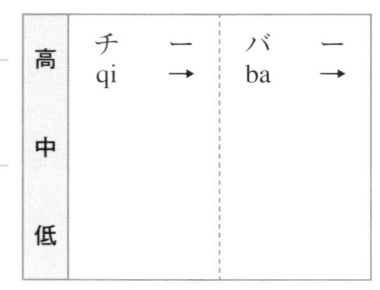

高	チ　ー	バ　ー
	qi　→	ba　→
中		
低		

発音を確認！
▶ "q"は有気音です
▶ 母音は口の形に注意し、クリアに発音しましょう

3
gāodī

高低（高低）

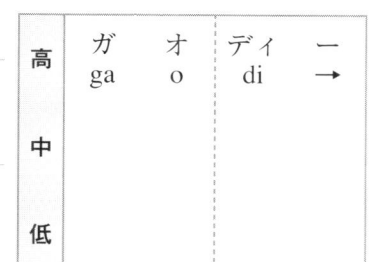

	ガ ga	オ o	ディ di	ー →
高				
中				
低				

発音を確認！
▶母音は口の形に注意し、クリアに発音しましょう

Lesson1　発音マスタードリル

1) CD 音声の後について言ってみましょう。

① fēijī　　飞机（飛行機）

"f" は上前歯を下唇の内側に触れて、息を遮断してから発音します。

② tiānkōng　　天空（空）

"t" "k" は共に有気音です。
"n" は「案内」の「ん」、"ng" は「変化」の「ん」です。
複母音 "ian" をクリアに発音します。

2) CD 音声の後について言いながら、ピンインを書いてみましょう。
⇒答えは下

①

②

③

④

【答え】① gāodī（高低　高低）　② kāfēi（咖啡　コーヒー）　③ qībā（チーパー　7, 8）　④ fēijī（フェイジー　飛行機）

Lesson 2

第三声　　低 ➡ 低　低い音をキープ

　最も高い第一声の次には、最も低い第三声を練習しましょう。声調の高低差を実感してください。

　第三声については「中程度よりやや低く始め、更に低くし、最後は少し上げる」との説明が一般的ですが、本書では声を低くキープすることを強調するため、「最も低い音をキープする」と致しました。

　その理由は2つあります。第一に、実際に中国語を話す中で「やや低く→更に低く」という高低アクセントはごく少ないこと、第二に、第三声で声をぐっと低く抑え最後に声の緊張を解くと、音は自然に少し上昇します。すなわち「最後は自然と少し上がる」のであり、「意識的に上げる必要がない」からです。

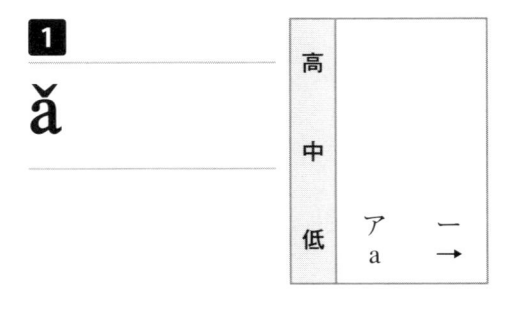

1

ǎ

高	
中	
低	ア　ー a　→

発音を確認！
- ▶ "a" は口を大きく開いてクリアに
- ▶ 声をできるだけ低く抑え、それをキープします

第一声と第三声の高低差を確認してみましょう。

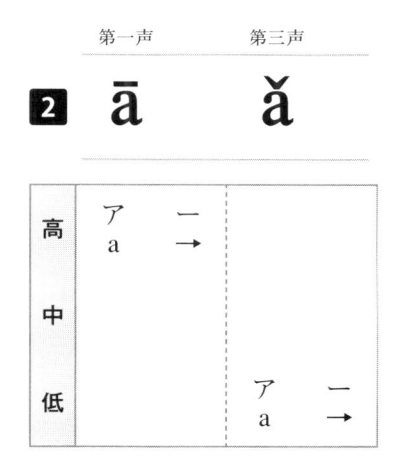

第一声	第三声

2 ā ǎ

	第一声	第三声
高	ア　ー a　→	
中		
低		ア　ー a　→

続けて、第一声＋第三声の2音節の単語で練習しましょう。

3

kāikǒu

开口（話を始める）

高	カ　　イ ka　　i	
中		
低		コ　　ウ ko　　u

発音を確認！
- "k" は有気音です
- "ai" "ou" の複母音は1音節であることを意識して滑らかに発音しましょう

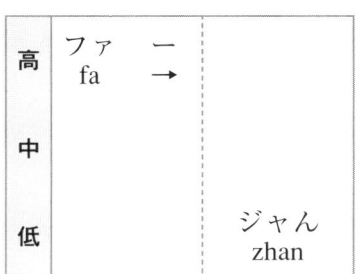

4

fāzhǎn

发展（発展）

高	ファ　ー fa　→	
中		
低		ジャん zhan

発音を確認！
- "zh" はそり舌音です

STEP 2　ピンインを正しく読みましょう

第三声を先に発音してみましょう。

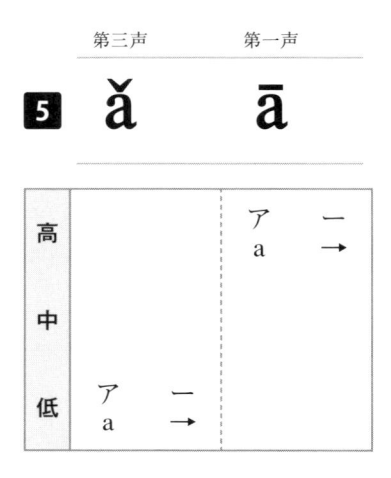

5 ǎ ā

第三声 第一声

高		ア 一 a →
中		
低	ア 一 a →	

第三声＋第一声の2音節の単語で練習しましょう。

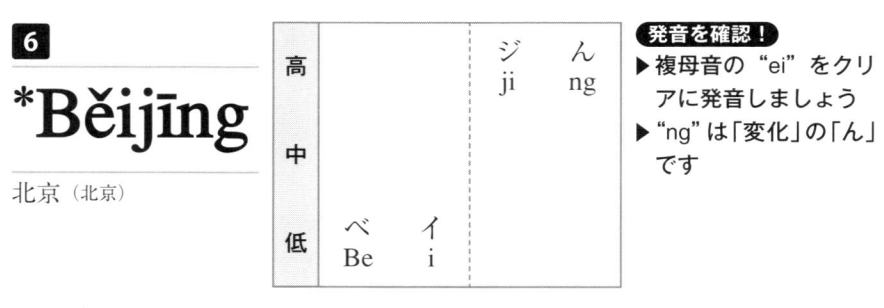

6

*Běijīng

北京（北京）

高		ジ ん ji ng
中		
低	ベ イ Be i	

発音を確認！
- ▶複母音の"ei"をクリアに発音しましょう
- ▶"ng"は「変化」の「ん」です

＊地名や人名などの固有名詞のピンインの最初は大文字表記です。

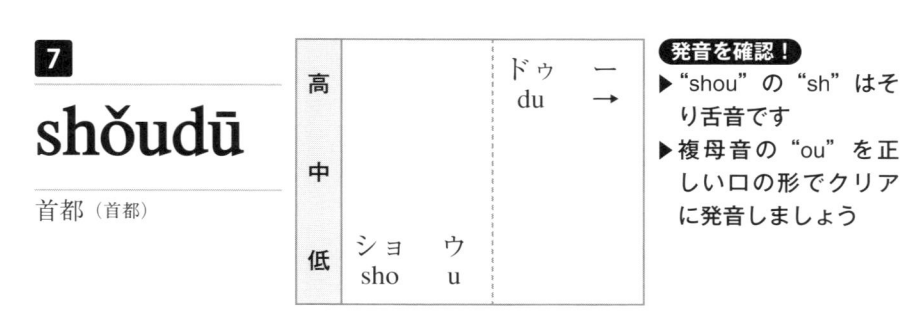

7

shǒudū

首都（首都）

高		ドゥ 一 du →
中		
低	ショ ウ sho u	

発音を確認！
- ▶"shou"の"sh"はそり舌音です
- ▶複母音の"ou"を正しい口の形でクリアに発音しましょう

48

Lesson2　発音マスタードリル

1) 第一声と第三声の高低差を意識し、CDの後について言ってみましょう。

① yōuměi　　优美（優美である）

"iou" "ei" の複母音をクリアに発音しましょう。

② gāngbǐ　　钢笔（万年筆）

"ng" は「変化」の「ん」

③ jiǎndān　　简单（簡単である）

"ian" をクリアに発音しましょう。　"dan" の "n" は「案内」の「ん」

④ hǎochī　　好吃（おいしい）

"ch" はそり舌音です。

2) CD音声の後について言いながら、ピンインを書いてみましょう。
　⇒答えは下

①
②
③
④
⑤

STEP 2　ピンインを正しく読みましょう

【答え】① jiǎndān（简单：簡単である）　② kāikǒu（开口：口を開ける）　③ shǒudū（首都：首都）　④ fāzhǎn（发展：発展）　⑤ Běijīng（北京：北京）

49

Lesson 3

第四声　　高 → 低　急降下

　1音節の中で、最も高い音から最も低い音へ急降下し、4種類の声調の中で最も短い音です。1音節ですが、高い音と低い音の2種類をなめらかに続けて発音する練習をすると、より正確に発音できます。

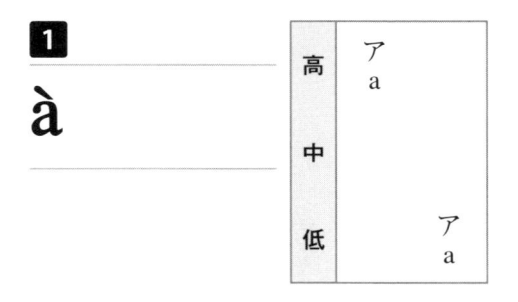

1

à

高	ア a
中	
低	ア a

発音を確認！
- ▶ "a" は口を大きく開いてクリアに
- ▶ 一番高い音と一番低い音をなめらかに続けて発音します

　高低差をしっかり把握するために、第一声→第四声→第三声と、続けて練習してみましょう。

2　ā　à　ǎ

高	ア　ー a　→	ア a	
中			
低		ア a	ア　ー a　→

第四声の２音節の発音を練習しましょう。

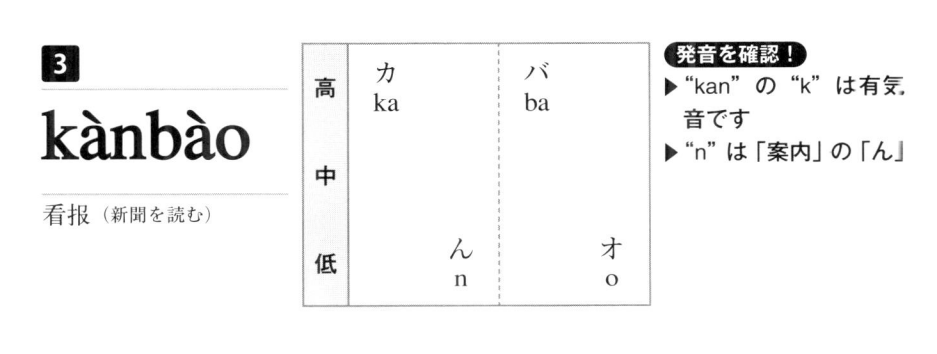

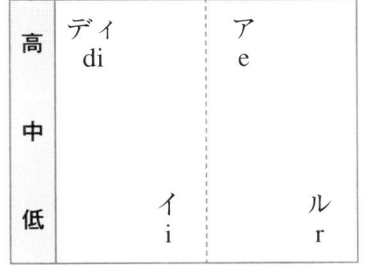

3
kànbào

看报（新聞を読む）

高	カ ka	バ ba
中		
低	ん n	オ o

発音を確認！
- "kan"の"k"は有気音です
- "n"は「案内」の「ん」

4
dì'èr

第二（第二の）

高	ディ di	ア e
中		
低	イ i	ル r

発音を確認！
- 母音の発音をクリアに

※ "第二"の"二"のように、第四声の"er"は、実際には"ar"という発音になります。

STEP 2 ピンインを正しく読みましょう

Column

母音や子音の発音は正確ですか？

　声調の練習は、中国語の基本的な発音の総まとめともいえるものです。STEP 2 では、声調やその様々なバリエーションを紹介していますが、STEP 1 で既に学んだ母音や子音の発音がおろそかにならないように、くれぐれも気を付けましょう。

Lesson3　発音マスタードリル

1) CD 音声の後について言ってみましょう。

① **mìnglìng**　　命令（命令）

"ng" は「変化」の「ん」です。

② **huìyì**　　会议（会議）

"h" は息がのどを通る時の摩擦音です。母音をクリアに発音しましょう。

2) CD の後について言いながら、ピンインを書いてみましょう。
⇒答えは下

①

②

③

④

【答え】① dì èr（第二）第二の ② huìyì（会议）会議 ③ mìnglìng（命令）命令 ④ kànbào（看报）新聞を読む

Lesson 4

第二声　　中 → 高　急上昇

1音節の中で、やや低い音から最も高い音へ急上昇します。1音節ですが、やや低い音と最も高い音の2種類をなめらかに続けて発音する練習をすると、より正確に発音できます。

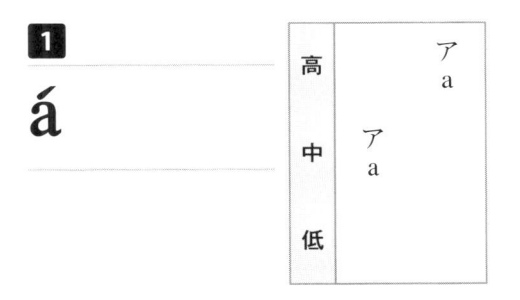

1

á

高	アa
中	アa
低	

発音を確認！
▶ "a" は口を大きく開いてクリアに、低い音と高い音を続けてなめらかに発音してみましょう

第二声の最初の音の高さを把握するための練習をしましょう。
第四声で充分音が下がった状態から、第二声を発音してみてください。急降下し、すぐに急上昇です。

2　à　　á

高	アa		アa
中			アa
低		アa	

STEP 2　ピンインを正しく読みましょう

第二声の出だしはやや低いと書いてあるのに、これでは、出だしの音の高さがずいぶん低いのではないかと思うかもしれません。しかし、実際にはこれくらいの高さでよいのです。

　多くの人にありがちな第二声の欠点は、「声が上がりきれない」現象です。図では出だしが中ほどの高さになっていますが、より低めの音を意識した方が正しい発音になります。

　では、第四声＋第二声の応用練習を行いましょう。

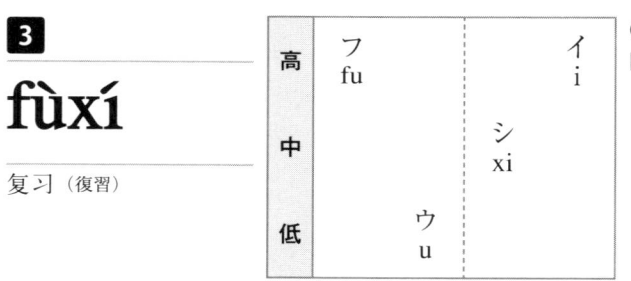

3 fùxí

复习（復習）

高	フ fu	イ i
中		シ xi
低		ウ u

発音を確認！
▶ "f" は下唇で下の歯を少し覆いながら、下唇を上の前歯につけ、息を遮断した状態から発音をスタートします

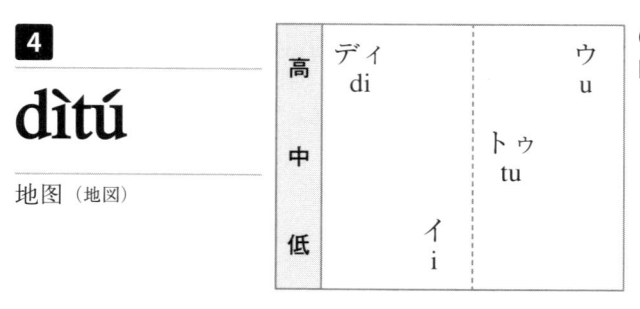

4 dìtú

地图（地図）

高	ディ di	ウ u
中		トゥ tu
低	イ i	

発音を確認！
▶ "t" は有気音です

Lesson4　発音マスタードリル

1) CD 音声の後について言ってみましょう。

① tèbié　　　特別（特別である）
"te" の "t" は有気音です。複母音の "ie" をクリアに発音しましょう。

② wàiguó　　　外国（外国）
"uai" "uo" は複母音です。クリアな発音を心がけましょう。

2) CD 音声の後について言いながら、ピンインを書いてみましょう。
　⇒答えは下

①

②

③

④

【答え】① dìtú（地図　地図）　② wàiguó（外国　外国）　③ tèbié（特別　特別である）　④ fùxí（复习　復習）

Lesson 5

軽声　軽く短い音

　軽声とは、軽く短い発音のことで、声調記号はありません。また、第一声から第四声までは高低アクセントが決まっていましたが、軽声は、前の音節の声調によって高さが変わります。

　音の高さは図に示してありますが、あくまでも目安にすぎません。あまり神経質にならず、最初の声調をきちんと発音し、その後に軽く添えるような感じで発音してみてください。

◉**第一声 ＋ 軽声**　第一声の後の軽声は、中くらいの高さです。

1

māma

妈妈（母）

高	マ ma	ー →	
中			マ ma
低			

発音を確認！
▶ "ma" の "m" は口を閉じ、息を止めた状態から発音スタートです

2

gēge

哥哥（兄）

高	グ ge	ー →	
中			グ ge
低			

発音を確認！
▶ "e" は、箸を軽くかんで「ウー」と発音します

●**第二声 + 軽声**　第二声の後の軽声は中くらいの高さです。

3

yéye

爷爷（父方の祖父）

高		エ e	
中		イ y	イエ ye
低			

発音を確認！
▶ "y"（"i"）も "e" も口を横に引いたままクリアに発音します

4

péngyou

朋友（友人）

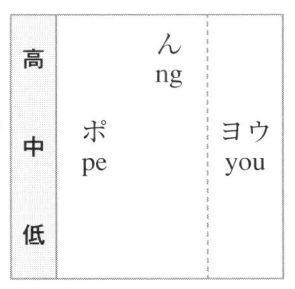

高		ん ng	
中		ポ pe	ヨウ you
低			

発音を確認！
▶ "p" は有気音です。"ng" は「変化」の「ん」です

STEP 2　ピンインを正しく読みましょう

57

●**第三声 ＋ 軽声**　第三声の後の軽声は、中くらいよりやや上の高さです。

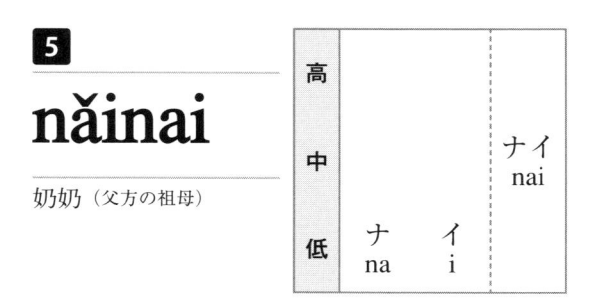

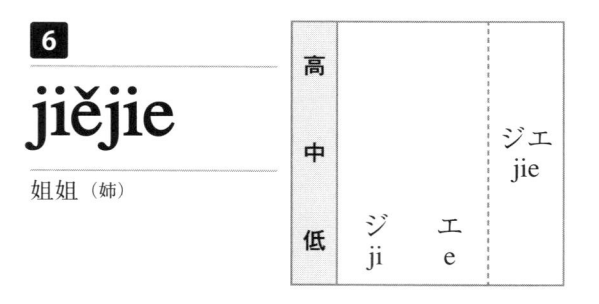

5
nǎinai
奶奶（父方の祖母）

高		
中		ナイ nai
低	ナ na	イ i

6
jiějie
姐姐（姉）

高		
中		ジェ jie
低	ジ ji	エ e

発音を確認！
▶ "jie" が「ジェー」とならないよう、"ie" をはっきり発音しましょう

●**第四声 ＋ 軽声**　第四声の後の軽声は、一番低くなります。

7

bàba

爸爸（父）

高	バ ba	
中		
低		ア a	バ ba

発音を確認！
▶ "a" は口を大きく開けクリアな音を出しましょう

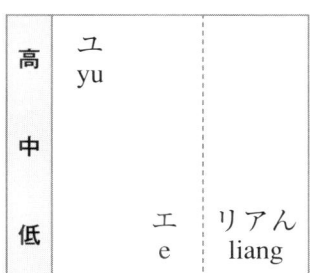

8

yuèliang

月亮（月）

高	ユ yu	
中		
低		エ e	リアん liang

発音を確認！
▶ "yue" は "üe" です
▶ "liang" の母音を丁寧に発音しましょう
▶ "ng" は「変化」の「ん」です

STEP 2　ピンインを正しく読みましょう

Lesson5　発音マスタードリル

1) CD 音声の後について言ってみましょう。

① bōli　　玻璃（ガラス）

　　"b" は口を閉じて発音スタートです。

② pútao　　葡萄（ぶどう）

　　"p" は有気音です。"tao" の "t" は有気音です。

③ běnzi　　本子（ノート）

　　"zi" は "イ" の口の形で「ズ」と発音します。

④ xièxie　　谢谢（ありがとう）

　　「シェーシェー」とならないよう、"ie" をクリアに発音します。

2) CD の後について言いながら、ピンインを書いてみましょう。
　　⇒答えは下

①

②

③

④

【答え】① jiějie（姐姐　姉）　② péngyou（朋友　友人）　③ māma（妈妈　母）　④ yuèliang（月亮　月）

Lesson 6

変調 ▶ **本来の声調が変化すること**

　2つの音節を連続して発音する時、一部の声調が本来の声調から別の声調に変化するというルールがあります。これを変調といいます。
　変調には、大きく分けて以下の4つのルールがあります。

1）第三声の変調1

　　第三声 + 第三声　⇒　最初の第三声が第二声に変調
　　　　　nǐhǎo　　→　　níhǎo

2）第三声の変調2（半三声）

　　第三声 + 第三声以外の音節　…　最初の第三声は低い音のまま
　　　　　jiǎndān　…　jiǎn の最後は上がらず低いまま

3）"一"の変調

　① "一" + 第一・第二・第三声　⇒　"一"は第四声に変調
　　　　　yībān　　→　　yìbān
　② "一" + 第四声　⇒　"一"は第二声に変調
　　　　　yīwàn　　→　　yíwàn

4）"不"の変調

　　"不" + 第四声　⇒　"不"は第二声に変調
　　　　　bùyào　　→　　búyào

　一部の入門・初級向けのテキスト・学習書のピンイン表記は、変調を反映させてありますが、辞書などでは原則として元の声調を記していますので、変調ルールをしっかり覚えましょう。

1）第三声の変調1

第三声が2つ連続すると、最初の第三声が第二声に変調します。

本来の声調	→	実際の発音
第三声 ＋ 第三声	→	第二声 ＋ 第三声
nǐ　　　hǎo	→	**ní**　　　hǎo
你　　　好		你　　　好

基本的な単語で練習しましょう。

1

nǐhǎo → níhǎo

你好（こんにちは）

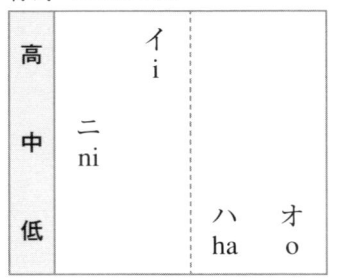

高	イ i	
中	ニ ni	
低		ハ オ ha o

2

biǎoyǎn → biáoyǎn

表演（演じる）

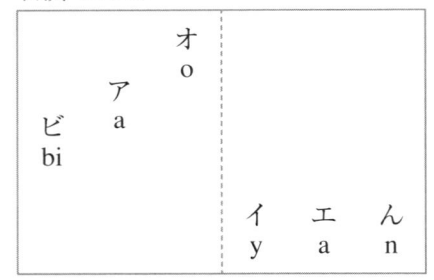

	オ o	
	ア a	
ビ bi		
		イ エ ん y a n

Column

第二声が苦手

　一般的に日本人の学習者が最も苦手とする声調は、第二声です。よくある間違った第二声の例は、弓なりに徐々に上昇するタイプです。本来の第二声は、低い音から一直線に高い音へと急上昇しなくてはなりません。自分の声調を確認する時、特に第二声を注意深く聞いてみてください。

2）第三声の変調2（半三声）

　第三声の後に第三声以外の声調が続くと、最初の第三声の最後は自然に上がらず、低い音のまま次の音節に続きます。この現象を「**半三声**」といいます。

　第三声の後に第一声と第四声が続く場合は、その音節の高さにつられて第三声の最後が上がり気味になる人が非常に多いので、注意しましょう。

　では実際の単語で、練習しましょう。

1 第三声 ＋ 第一声

jiǎndān

简单（簡単）

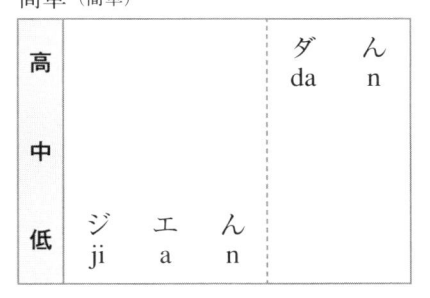

高					ダ da	ん n
中						
低	ジ ji	エ a	ん n			

2 第三声 ＋ 第二声

Měiguó

美国（アメリカ）

			オ ɔ
		グ gu	
メ Me	イ i		

3 第三声 ＋ 第四声

lǐwù

礼物（贈り物）

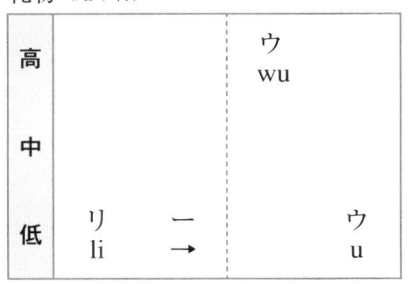

高				ウ wu	
中					
低	リ li	→ 			ウ u

4 第三声 ＋ 軽声

sǎngzi

嗓子（のど）

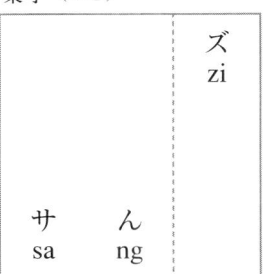

		ズ zi
サ sa	ん ng	

STEP 2　ピンインを正しく読みましょう

3）"一"の変調

"一"には、次の2つのルールがあります。

① "一"の後に第一・二・三声が続くと、"一"は第四声に変調します。

a)

yībān → yìbān

一般（普通である）

高	イ yi		バん ban
中			
低		イ i	

b)

yīnián → yìnián

一年（1年）

イ yi		ん n
	ニ ni	エ a
	イ i	

c)

yībǎi → yìbǎi

一百（100）

イ yi		
	イ i / バ ba / イ i	

② "一"の後に第四声が続くと、"一"は第二声に変調します。

"一"の後に軽声が続く場合、軽声に読む文字の本来の声調が第四声の場合も同様です。

a)

yīwàn → yíwàn

一万（10,000）

高		イ i	ワ wa
中	イ yi		
低			ん n

b)

yīge → yíge

一个（1つ）

	イ i	
イ yi		グ ge

＊"个"は本来第四声です。

③ "一" 変調の例外

"一"が序数詞（順序や順番を表す数詞）や年月日に用いられる場合は、変調しません。

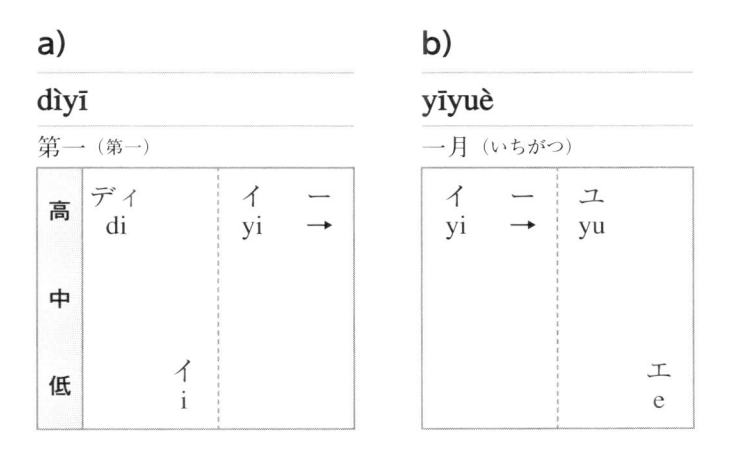

a)

dìyī

第一（第一）

高	ディ di	イ → yi
中		
低		イ i

b)

yīyuè

一月（いちがつ）

	イ → yi	ユ yu
		エ e

4）"不"の変調

"不"の変調ルールは1つだけです。

"不"の後に第四声が続くと、第二声に変調します。

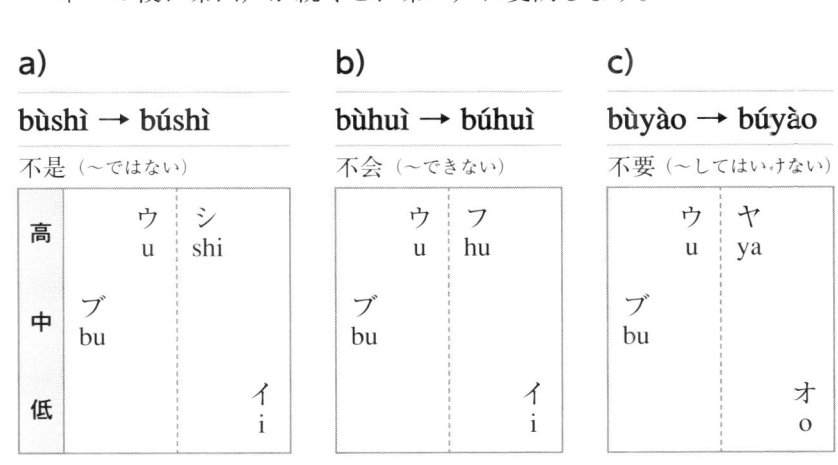

a)

bùshì → búshì

不是（～ではない）

高		ウ u	シ shi
中	ブ bu		
低			イ i

b)

bùhuì → búhuì

不会（～できない）

		ウ u	フ hu
	ブ bu		
			イ i

c)

bùyào → búyào

不要（～してはいけない）

		ウ u	ヤ ya
	ブ bu		
			オ o

STEP 2 ピンインを正しく読みましょう

Lesson6　発音マスタードリル

1) CD音声の後について言ってみましょう。

① xǐzǎo → xízǎo　　洗澡（入浴する）
　　"i" "a" をクリアに発音します。

② yītiān → yìtiān　　一天（いちにち）
　　"yi" は口を横にグッと引きます。"t" は有気音です。

③ yīhuí → yìhuí　　一回（1回）
　　"yi" は口を横にグッと引きます。"ui" をクリアに出しましょう。

④ yīhào　　一号（ついたち）
　　"yi" は口を横にグッと引きます。

⑤ bùduì → búduì　　不对（間違いである）
　　"u" "ui" をクリアに発音します。

2) CD音声の後について言いながら、聞こえたとおりに変調後のピンインを書いてみましょう。　　⇒答えは下

①　_____

②　_____

③　_____

④　_____

【答え】① yìtiān（一天　1日）　② búyào（不要　〜してはいけない）　③ búshì（不是　〜ではない）　④ bùhuī（不会　〜できない）

Lesson 7
r 化

音節の最後が"儿 ér"という音に変化することを"儿化"「r 化」といいます。「r 化」になることを示すために、単語の最後の音節に"儿"という1文字が加わりますが、この文字は独立した音節にはなりません。

「r 化」は口語にほぼ限定されます。標準語の一部と中国大陸の東北部で多く用いられます。
「r 化」によって元の単語と意味の変わらない単語と、「r 化」して意味の変わる単語がありますから、気をつけましょう。

本書では、「r 化」する基本的な単語を紹介しながら、発音を学びます。単語の最後の音節に「r」が加わる際、単純に音節の後ろに「r」がつくケースと、そうでないケースがあります。4つのケースに分けて練習していきましょう。

"儿"の発音は、単語の音節の最後に舌を軽く反りあげます。その時、舌が口の中のどこにも触れないように気をつけましょう。

> **r 化の"儿"と特殊母音 er**
>
> "儿"のピンインは ér ですが、STEP1 Lesson2 p.14 で紹介した特殊母音"er"とは違いますから気をつけましょう。
> 　特殊母音"er"は1つの音節となりますが、r 化の場合は最後の音節に連続するだけで、1つの音節を構成しません。

●音節の後ろに"r"が加わるだけのケース

CD音声は、最初がr化していない単語、次にr化した単語の順です。

1

huā

花（花）

高	ホ hu	ア a
中		
低		

huār

花儿（花）

	ホ hu	ア a	ル r

2

nǎ

哪（どの、どれ）

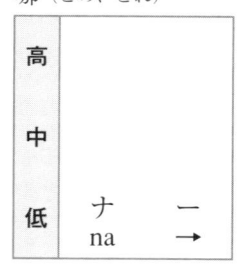

高		
中		
低	ナ na	ー →

nǎr

哪儿（どこ）

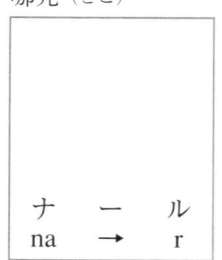

	ナ na	ー →	ル r

3

huà

画（描く）

高	ホ hu		
中			
低			ア a

huàr

画儿（絵）

ホ hu		
	ア a	
		ル r

●音節の最後の"i"が脱落するケース

4

yīhuì → yíhuì

一会（しばらく）

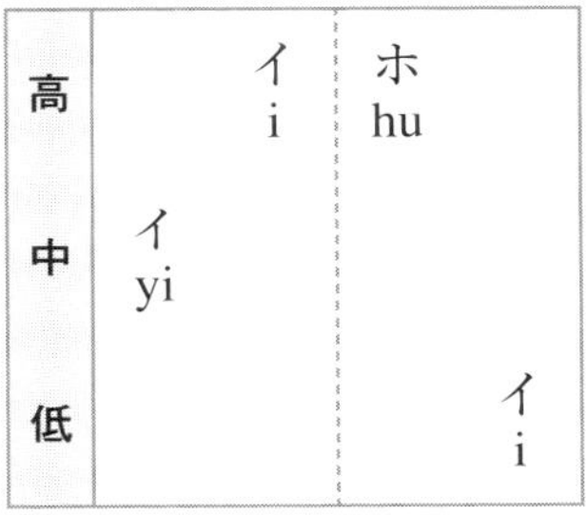

高		
	イ i	ホ hu
中	イ yi	
低		イ i

yīhuìr → yíhuìr ⇒ yíhùr

一会儿（しばらく）

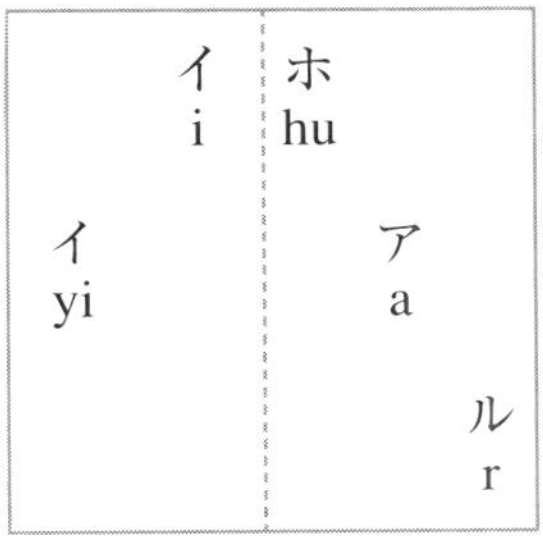

	イ i	ホ hu
	イ yi	ア a
		ル r

5

xiǎohái

小孩（こども）

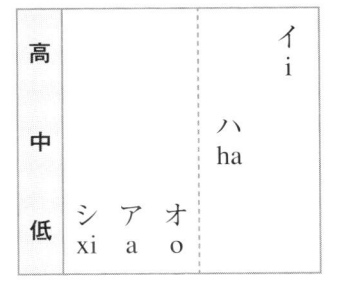

高		イ i
中		ハ ha
低	シ xi　ア a　オ o	

xiǎoháir ⇒ xiǎohár

小孩儿（こども）

		ル r
		ハ ha
	シ xi　ア a　オ o	

STEP 2　ピンインを正しく読みましょう

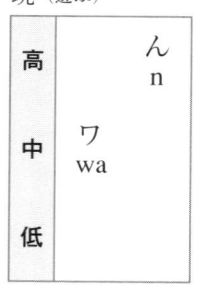

●音節の最後の"n"が脱落するケース

6   "一"の変調   "一"の変調

yīdiǎn → yìdiǎn   yīdiǎnr → yìdiǎnr ⇒ yìdiǎr

一点（少し）   一点儿（少し）

高	イ yi			
中				
低		イ i	ディ di	エ　ん a　n

高	イ yi			
中				
低		イ i	ディ di	ア　ル a　r

7

wán   wánr ⇒ wár

玩（遊ぶ）   玩儿（遊ぶ）

高	ん n	
中		ワ wa
低		

高	ル r	
中		ワ wa
低		

● 音節の最後の"ng"が脱落するケース

8

kōng

空（空っぽの、むなしい）

高	コ ko	ん ng
中		
低		

kòngr ⇒ kòr

空儿（すきま）

	コ ko	
		ル r

＊ "空"には、第一声と第四声の読み方があり、それぞれ異なる意味になります。そのうち、r化するのは第四声だけです。

Column

「r化」

　中国は大変広く、また中国語圏は非常に大きな範囲に及びますので、「r化」がほとんど用いられない地域も多くあります。地域によっては「r化」の発音が全くないこともありますから、「r化」を習得しなくても、スピーキングには大きな問題はありませんし、通じる中国語を話すことは可能です。

　しかし、HSK（汉语水平考试）や中国語検定試験などでは必ず出題されますし、このような試験を受けないという場合でも、「r化」の発音ができないと、しばしばリスニングに支障をきたしますから、しっかり学んでおきましょう。

STEP 2　ピンインを正しく読みましょう

Lesson7　発音マスタードリル

CD 音声の後について言ってみましょう。

① 这（この、これ）　　　　这儿（ここ）
　zhè　　　　　　　　　　zhèr
　　　　　　　　　　　　　"r" が加わるだけです。

② 头（頭）　　　　　　　　头儿（ボス）
　tóu　　　　　　　　　　 tóur
　　　　　　　　　　　　　"r" が加わるだけです。

③ 一块（ひとかたまり）　　一块儿（一緒に）
　yīkuài → yíkuài　　　　yīkuàir → yíkuàir ⇒ yíkuàr
　　　　　　　　　　　　　"一" は変調します。"i" が脱落します。

④ 有点（少し）　　　　　　有点儿（少し）
　yǒudiǎn → yóudiǎn　　　yǒudiǎnr → yóudiǎnr ⇒ yóudiǎr
　　　　　　　　　　　　　第三声は変調します。"n" が脱落します。

⑤ 电影（映画）　　　　　　电影儿（映画）
　diànyǐng　　　　　　　　diànyǐngr ⇒ diànyǐr
　　　　　　　　　　　　　"ng" が脱落します。

＊ IC レコーダ等で自分の発音を録音し、CD 音声と聞き比べましょう。

Lesson 8

声調の応用練習　　2音節の単語

さて、ここから声調の応用練習です。

最初は2音節の単語から始めましょう。中国語には2音節の単語がとても多いので、スピーキングの基本練習にもなります。

ポイント！
◎2つの音節をなめらかにつなげる
◎正しい口の形でスタート
◎発音と声調を正しく

練習の途中で高低差の感覚があいまいになってきたら、p.42 に戻って声調の説明や解説図を見、あわせて CD 音声を聞きなおしましょう。

CD 音声は最初に左側の単語、次に右側の単語の順です。

1 第一声 ＋ 第一声

sījī

司机（運転手）

高	ス　ー	ジ　ー
	si　→	ji　→
中		
低		

kāiguān

开关（スイッチ）

高	カ　イ	グ　ア　ん
	ka　i	gu　a　n
中		
低		

STEP 2　ピンインを正しく読みましょう

2 第一声 ＋ 第二声

Zhōngguó
中国（中国）

高	チョ zho	ん ng		オ o
中			グ gu	
低				

jīngyíng
经营（経営）

高	ジ ji	ん ng		ん ng
中			イ yi	
低				

3 第一声 ＋ 第三声

gāoshǒu
高手（達人）

高	ガ ga	オ o		
中				
低			ショ sho	ウ u

dōngběi
东北（東北）

高	ド do	ん ng		
中				
低			ベ be	イ i

4 第一声 ＋ 第四声

shuōhuà
说话（話す）

高	シュ shu	オ o	ホ hu	
中				
低				ア a

yīnyuè
音乐（音楽）

高	イ yi	ん n	ユ yu
中			
低			エ e

5 第一声 ＋ 軽声

māma

妈妈（母）

高	マ ma	→	
中			マ ma
低			

gēge

哥哥（兄）

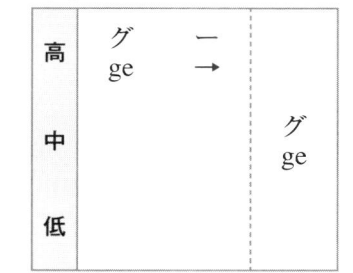

高	グ ge	→	
中			グ ge
低			

6 第二声 ＋ 第一声

qiánbāo

钱包（財布）

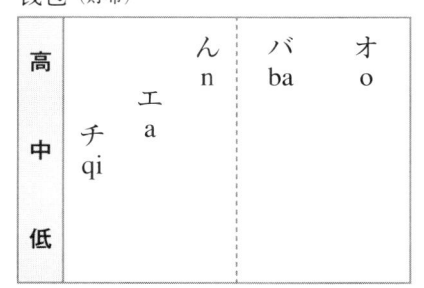

高		ん n	バ ba	オ o
中	エ a			
	チ qi			
低				

yuángōng

员工（従業員）

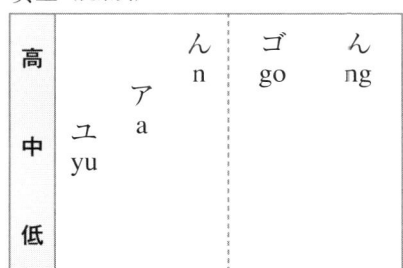

高		ん n	ゴ go	ん ng
中	ア a			
	ユ yu			
低				

7 第二声 ＋ 第二声

cípán

磁盘（磁気ディスク）

高		ウ i		ん n
中	ツ ci		パ pa	
低				

wénxué

文学（文学）

高		ん n		エ e
中	エ e		シュ xu	
	ウ w			
低				

STEP 2 ピンインを正しく読みましょう

8 第二声 ＋ 第三声

xiéshǒu
携手（協力する）

高		エ e	
中	シ xi		
低		ショ sho	ウ u

niúnǎi
牛奶（牛乳）

高		ウ u	
中	ニ ni		
低		ナ na	イ i

9 第二声 ＋ 第四声

nóngyè
农业（農業）

高		ん ng	イ y
中	ノ no		
低			エ e

zázhì
杂志（雑誌）

高		ア a	ジ zhi
中	ザ za		
低			イ i

10 第二声 ＋ 軽声

yéye
爷爷（父方の祖父）

高		エ e	
中	イ y		イエ ye
低			

pútao
葡萄（ぶどう）

高		ウ u	
中	プ pu		タオ tao
低			

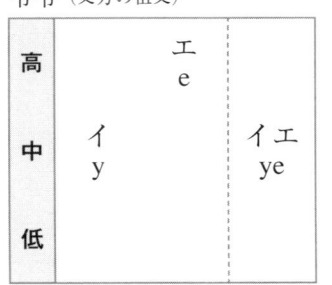

11 第三声 ＋ 第一声

gǔdōng
股东（株主）

高		ド do	ん ng
中			
低	グ gu	一 →	

shǒujī
手机（携帯電話）

高		ジ ji	一 →
中			
低	ショ sho	ウ u	

12 第三声 ＋ 第二声

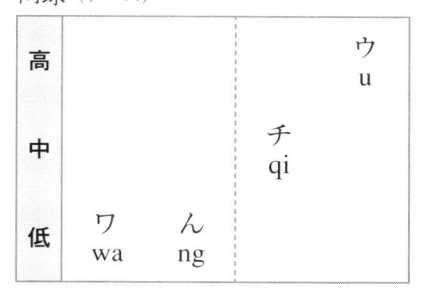

wǎngqiú
网球（テニス）

高			ウ u
中		チ qi	
低	ワ wa	ん ng	

lǚyóu
旅游（観光）

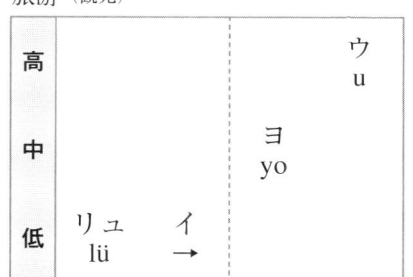

高			ウ u
中		ヨ yo	
低	リュ lü	イ →	

13 第三声 ＋ 第三声 ⇒ 第二声 ＋ 第三声

liǎojiě → liáojiě
了解（理解する）

高		オ o	
中	リ li	ア a	
低		ジ ji	エ e

shuǐguǒ → shuíguǒ
水果（フルーツ）

高	イ i		
中	シュ shu		
低		グ gu	オ o

STEP 2　ピンインを正しく読みましょう

77

14 第三声 ＋ 第四声

wǎnyàn

晚宴（夜のパーティー）

高		イ y	
中			エ a
低	ワ wa	ん n	ん n

fǎlǜ

法律（法律）

高			リュ lü
中			
低	ファ fa	ア a	イ ü

15 第三声 ＋ 軽声

jiějie

姐姐（姉）

高		ジエ jie
中		
低	ジ ji　エ e	

yǐzi

椅子（椅子）

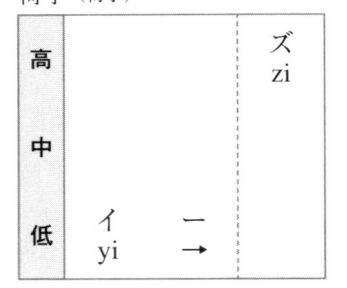

高		ズ zi
中		
低	イ yi　― →	

16 第四声 ＋ 第一声

nàozhōng

闹钟（目覚まし時計）

高	ナ na	ジョ zho	ん ng
中			
低		オ o	

qìchē

汽车（自動車）

高	チ qi	チャ che	― →
中			
低		イ i	

17 第四声 ＋ 第二声

dìtú
地图（地図）

高	ディ di	
中		ウ u
		トゥ tu
低		イ i

liànxí
练习（練習）

高	リ li		イ i
中		エ a	シ xi
低		ん n	

18 第四声 ＋ 第三声

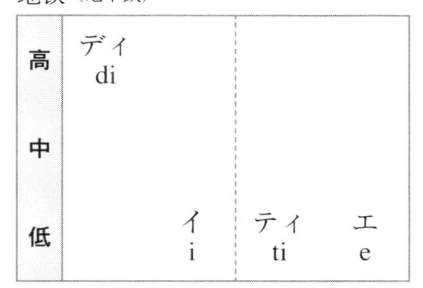

dìtiě
地铁（地下鉄）

高	ディ di		
中			
低		イ i	ティ ti　エ e

fùmǔ
父母（父母／両親）

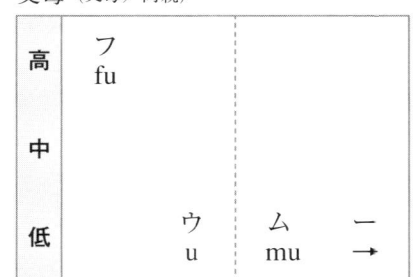

高	フ fu		
中			
低		ウ u	ム mu　→

19 第四声 ＋ 第四声

lìyì
利益（利益）

高	リ li	イ yi
中		
低	イ i	イ i

zàijiàn
再见（さようなら）

高	ツァ za		チ ji
中			エ a
低		イ i	ん n

STEP 2　ピンインを正しく読みましょう

79

20 第四声 ＋ 軽声

mèimei

妹妹（妹）

高	メ me	
中		
低	イ i	メイ mei

dìdi

弟弟（弟）

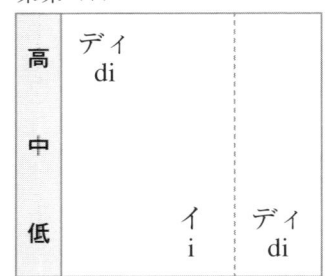

高	ディ di	
中		
低	イ i	ディ di

Lesson8　　発音マスタードリル

CD 34

1) CD 音声の後について言いながら、ピンインを書いてみましょう。
　　⇒答えは下

① _____

② _____

③ _____

④ _____

⑤ _____

⑥ _____

⑦ _____

⑧ _____

⑨ _____

⑩ _____

2) CD 音声の後について言ってみましょう。

① kāfēi　咖啡（コーヒー）　　② Yīngguó　英国（イギリス）

③ dōngběi　东北（東北）　　④ gāodù　高度（高さ）

⑤ dōngxi　东西（物）　　⑥ míngtiān　明天（明日）

⑦ shíyóu　石油（石油）　　⑧ cídiǎn　词典（辞書）

⑨ méitàn　煤炭（石炭）　　⑩ xuésheng　学生（学生）

⑪ diǎnxīn　点心（点心・軽食類）　　⑫ jiǎnpái　减排（排出削減）

⑬ yǒngyuǎn → yóngyuǎn　永远（永遠に）

⑭ měilì　美丽（美しい）　　⑮ mǔqin　母亲（母）

⑯ miànbāo　面包（パン）　　⑰ bàngqiú　棒球（野球）

⑱ shìchǎng　市场（市場）　　⑲ suǒpéi　索赔（クレーム）

⑳ sìjì　四季（四季）　　㉑ fùqin　父亲（父）

㉒ shìzi　柿子（柿の実）

STEP 2　ピンインを正しく読みましょう

Lesson 9

声調の応用練習 　3音節の単語

ポイント！

◎真ん中の音節（文字）を軽く読む
◎〔強 → 弱 → 強〕というリズムを意識する

3音節の単語は、真ん中の音節（文字）を軽く読むのが特徴です。
"拼音"（ピンイン）には本来の声調が記されますが、実際は、軽く流すように発音します。
ただし、あくまでも軽く読むのであって、軽声のように元の声調が消えるわけではありません。

「2音節の単語」と「3音節の単語」の比較をしましょう。
CD音声は、最初に2音節、次に3音節の順です。

1

diànshì

電視（テレビ）

高	ディ di		シ shi	
中		エ a		
低			ん n	イ i

diànshìtái

電視台（テレビ局）

ディ di		シ shi↘		イ i
	エ a			タ ta
		ん n		

＊"shì"を軽く流すように

2

Rìběn
日本（日本）

高	リ Ri			
中				
低		イ i	べ be	ん n

Rìběnrén
日本人（日本人）

高	リ Ri			ん n
中			レ re	
低		イ i	べん ben	

＊"běn"を軽く流すように

3

túshū
图书（図書）

高		ウ u	シュ shu	ー →
中	トゥ tu			
低				

túshūguǎn
图书馆（図書館）

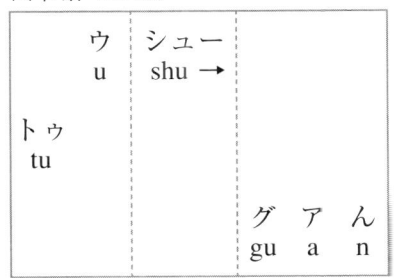

高		ウ u	シュー shu →	
中	トゥ tu			
低				グ アん gu a n

＊"shū"を軽く流すように

STEP 2　ピンインを正しく読みましょう

83

● 3音節の地名

地名も3音節ならば、〔強 → 弱 → 強〕というリズムになります。

"广东省"という単語を言葉の意味から考えますと、地名である"广东"を強く、行政区画を示す"省"を弱く読むと思いがちですが、あくまでも3音節のリズムで読みます。

"拼音"（ピンイン）は、表記ルールに従い、"Guǎngdōng Shěng"としてありますが、実際は3音節を続けて〔強 → 弱 → 強〕のリズムで読みましょう。

4

Guǎngdōng

广东（広東）

高		ドん do ng
中		
低	グ ア ん Gu a ng	

Guǎngdōng Shěng

广东省（広東省）

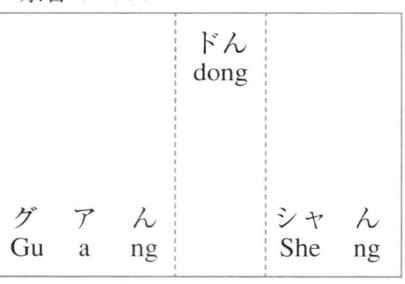

		ドん dong	
グ ア ん Gu a ng		シャ ん She ng

＊"dōng"を軽く流すように

5

Shānxī

山西（山西）

高	シャ ん Sha n	シ ー xi →
中		
低		

Shānxī Shěng

山西省（山西省）

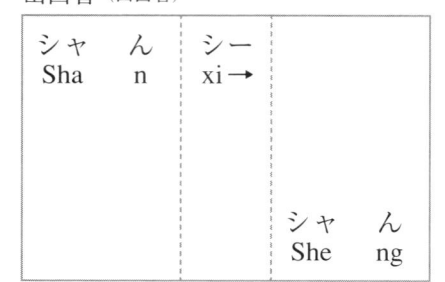

シャ ん Sha n	シー xi→	
		シャ ん She ng

＊"xī"を軽く流すように

● 3音節の人名

名前も3文字ならば、〔強 → 弱 → 強〕というリズムで、姓と名を分けずに続けて読みます。

"拼音"（ピンイン）表記は姓と名を分けてありますが、実際の読み方は3音節を続けて〔強 → 弱 → 強〕のリズムで読みましょう。

6

Máo Zédōng

毛泽东（毛沢東）

高	オ o		ウ e		ド do	ん ng
中	マ Ma		ズ Ze			
低						

＊"Zé"を軽く流すように

Lǐ Liánjié

李连杰（ジェット・リー）

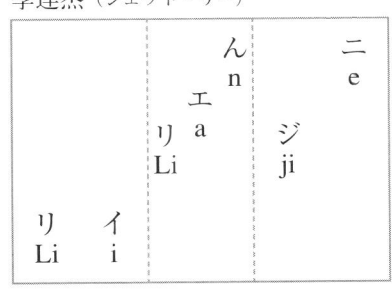

高		ん n		ニ e
中		エ a		ジ ji
		リ Li		
低	リ Li	イ i		

＊"Lián"を軽く流すように

● 3音節の数字

数字も3音節ならば、〔強 → 弱 → 強〕のリズムです。数字の"拼音"（ピンイン）表記は中央の字を軽声で表記している場合もあります。

7

sānshíjiǔ

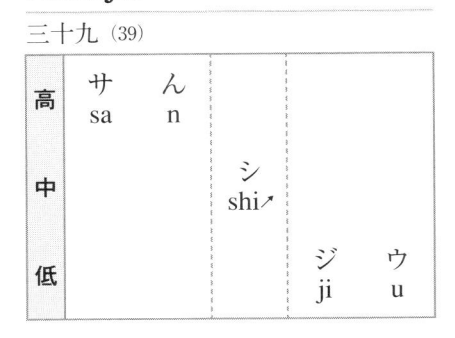

三十九（39）

高	サ sa	ん n		
中			シ shi↗	
低				ジ ji	ウ u

qīshíèr

七十二（72）

高	チ qi	イ i		ア e
中			シ shi↗	
低				ル r

＊"shí"を軽く流すように

Lesson9　発音マスタードリル

1) CD音声の後について言ってみましょう。

① dàxuéshēng
大学生（大学生）

② xīngqīyī
星期一（月曜日）

③ Liáoníng Shěng
辽宁省（遼寧省）

④ Zhāng Zǐyí
章子怡（チャン・ツィイー）

⑤ sìshíbā
四十八（48）

⑥ gōngjiāochē
公交车（路線バス）

2) CD音声の後について言いながら、ピンインを書いてみましょう。
　　⇒答えは下

①

②

③

④

⑤

⑥

【答え】① sānshíjiǔ（三十九　39）　② Shǎnxī Shěng（山西省）
③ Lǐ Liánjié（李連杰　ジェット・リー）　④ gōngjiāochē（公交车　路線バス）
⑤ dàxuéshēng（大学生）　⑥ Guǎngdōng Shěng（广东省　広東省）

STEP 3

苦手を克服しましょう

- ▶コツをつかみにくい発音1─そり舌音
- ▶コツをつかみにくい発音2─"n""ng"で終わる鼻母音
- ▶コツをつかみにくい発音3─有気音　無気音
- ▶間違いやすい発音1─ü　üe　üan　ün
- ▶間違いやすい発音2─f　h

> **コツをつかみにくい発音1**
> # そり舌音

　そり舌音は、子音"zh""ch""sh""r"と母音との組み合わせで、実に73もの発音があります。すごい数ですね。

　これらのそり舌音に苦手意識がありますと、当然中国語学習はスムーズにはいきません。実際、中級〜上級レベルの学習者にもそり舌音はどうも…という人が多いのです。

　いずれの発音も、子音"zh""ch""sh""r"を発音する要領で始まり、その後に母音を続けるだけなのですが、どうしてうまくいかないのでしょうか。その理由は主に次の2つです。

1）子音"zh""ch""sh""r"の発音の仕方が定着していない。あるいは、舌の位置や舌の形を正しく認識しないで発音している。
2）多彩な母音の発音に気を取られ、子音"zh""ch""sh""r"の発音がおろそかになっている。

　さあ、これからの練習で、そり舌音の苦手意識をすっかり解消してしまいましょう。最初に、基本の zhi chi shi ri の発音の仕方を再確認してから、具体的な練習に入ります。

　練習では、常に次の4つのポイントを意識してください。

「舌先が口の中のどこに触れているか」
「どのように触れているか」
「どのように離れているか」
「どういう音がするか」

◯そり舌音の発音練習は全て第一声で行います。

| お | さ | ら | い |

そり舌音完全マスター

 「そり舌音完全マスター」の詳細版は p.38 参照

① 日本語で「タ、タ、タ、タ…」とゆっくり発音してください。

② 上の①で確認した位置に、今度は舌の先端だけを当て、「タ、タ、タ、タ…」とゆっくり発音してみましょう。

③ 上の②と同じ要領で、舌先だけを使って、今度は「ジー、ジー、ジー、ジー…」とゆっくり繰り返し発音すれば"zhi"の発音です。

④ ②と同じ要領で、舌先だけを使って、今度は「チー、チー、チー、チー…」と繰り返し発音します。破裂音を意識して発音すると"chi"の発音です。

⑤ 舌先を当てているところから少しだけ舌先を離し、離した状態をキープしたまま「シー、シー、シー、シー…」と発音すると"shi"の発音です。

⑥ ⑤と同じ要領で「リー、リー、リー、リー…」と発音すると、"ri"の発音です。

STEP 3 苦手を克服しましょう

そり舌音　zh

▶ zh から始まる発音は、全部で 20 種類あります。

zha	zhei	zhen	**zhu**	**zhui**
zhe	**zhao**	zhang	zhua	zhuan
zhi	**zhou**	zheng	zhuo	zhun
zhai	zhan	zhong	zhuai	zhuang

　ここでは、このうち 7 つの発音を練習しましょう。「"zh"＋複母音」を練習する時は、"zh"に気を取られて、複母音の発音がおろそかにならないよう、気を付けてください。

1 zha

　日本語で「タ」と発音する時に舌の当たる位置に、舌先だけを当てて「ジャー、ジャー、ジャー」と言います。母音"a"は、口を大きく開けてクリアに発音します。これが"zha"の発音です。

2 zhe

　日本語で「タ」と発音する時に舌の当たる位置に、舌先だけを当てて"zh"の準備をしたら、次にあいまい母音"e"の口の形（唇に力をいれず半開きの状態）を作り、「ジュー、ジュー、ジュー（ジェーでも可）」と言います。これが"zhe"の発音です。

3 zhu

　日本語で「タ」と発音する時に舌の当たる位置に、舌先だけを当てて「ジュー、ジュー、ジュー」と発音します。
　"u"は唇を丸くし少し突き出すようにして「ウ」。これが"zhu"の発音です。

4 zhai

　日本語で「タ」と発音する時に舌の当たる位置に、舌先だけを当てて「ジャイ、ジャイ、ジャイ」と発音します。複母音"ai"は、口を大きく開けて「ア」と強く、「イ」は唇を横にぐっと引いてやや弱く、「アイ」となめらかに発音します。これが"zhai"の発音です。

5 zhao

　日本語で「タ」と発音する時に舌の当たる位置に、舌先だけを当てて「ジャオ、ジャオ、ジャオ」と発音してみてください。複母音"ao"は、日本語の「ア」より大きく口を開けて強く、『オ』は唇を丸めてやや弱く、「アオ」となめらかに発音します。これが"zhao"の発音です。

6 zhou

　日本語で「タ」と発音する時に舌の当たる位置に、舌先だけを当てて「ジョウ、ジョウ、ジョウ」と言います。複母音"ou"は、"o"を強く「オウ」となめらかに発音します。これが"zhou"の発音です。

7 zhui

　日本語で「タ」と発音する時に舌の当たる位置に、舌先だけを当てて「ジュイ、ジュイ、ジュイ」と言います。"ui"は、唇を丸くし少し突き出すようにして「ウ」とやや弱く発音した後、口をぐっと横に引いて「イ」と強く、「ウイ」となめらかに発音します。これが"zhui"の発音です。

STEP 3　苦手を克服しましょう

"zh"　　発音マスタードリル

1) CD音声の後について言ってみましょう。

① zhīzhū　　　蜘蛛（クモ）

② zhézhǐ　　　折纸（折り紙）

③ zhōuzhé　　　周折（複雑である）

2) CD音声の後について言いながら、ピンインを書いてみましょう。
　　⇒答えは下

①

②

③

【答え】① zhùzhái（住宅　住宅）　② zhùzhǐ（住址の意味）　③ zhùzhǎng（主张　主張）

そり舌音　ch

▶ ch から始まる発音は、全部で 19 種類あります。

cha	chao	chang	chua	chuan
che	chou	cheng	chuo	chun
chi	chan	chong	chuai	chuang
chai	chen	chu	chui	

ここでは、そのうち 7 つの発音を練習しましょう。「"ch"＋複母音」を練習する時は、"ch" に気を取られて、複母音の発音がおろそかにならないよう、気を付けてください。

1 cha

　日本語で「タ」と発音する時に舌の当たる位置に、舌先だけを当てて破裂音を出しながら「チャー、チャー、チャー」と発音します。母音 "a" は大きく口を開けてクリアに「ア」と発音しましょう。これが "cha" の発音です。

2 che

　日本語で「タ」と発音する時に舌の当たる位置に、舌先だけを当てて "ch" の準備をしたら、次にあいまい母音 "e" の口の形（唇に力をいれず半開きの状態）を作り、破裂音を出しながら「チュー、チュー、チュー（チェーでも可）」と言います。これが "che" の発音です。

3 chu

　日本語で「タ」と発音する時に舌の当たる位置に、舌先だけを当てて破裂音を出しながら「チュー、チュー、チュー」と発音し

ます。"u"は唇を丸くし少し突き出すようにして「ウ」。これが"chu"の発音です。

4 chai

　日本語で「タ」と発音する時に舌の当たる位置に、舌先だけを当てて破裂音を出しながら「チャイ、チャイ、チャイ」と発音します。複母音"ai"は、"a"を強く「アイ」となめらかに。これが"chai"の発音です。

5 chao

　日本語で「タ」と発音する時に舌の当たる位置に、舌先だけを当てて破裂音を出しながら「チャオ、チャオ、チャオ」と発音します。複母音"ao"は、"a"を強く「アオ」となめらかに。これが"chao"の発音です。

6 chou

　日本語で「タ」と発音する時に舌の当たる位置に、舌先だけを当てて破裂音を出しながら「チョウ、チョウ、チョウ」と発音します。複母音"ou"は、"o"を強く「オウ」となめらかに。これが"chou"の発音です。

7 chui

　日本語で「タ」と発音する時に舌の当たる位置に、舌先だけを当てて破裂音を出しながら「チュイ、チュイ、チュイ」と発音します。"ui"は、唇を丸くし少し突き出すようにして「ウ」とやや弱く発音した後、口をぐっと横に引いて「イ」と強く、「ウイ」となめらかに発音します。これが"chui"の発音です。

"ch"　発音マスタードリル

1) CD音声の後について言ってみましょう。

① cháchí　　　茶匙（ティースプーン）

② chāichú　　　拆除（取り壊して撤去する）

③ chōuchá　　　抽查（抜き取り検査）

2) CD音声の後について言いながら、ピンインを書いてみましょう。
　　⇒答えは下

①

②

③

【答え】① chūchāo（出超　輸出超過）　② chūzhòu（出走　走をぬく）　③ chūchāi（出差　出張する）

STEP 3　苦手を克服しましょう

そり舌音 sh

▶ sh から始まる発音は、全部で 19 種類あります。

sha	**shei**	shen	shua	shuan
she	shao	shang	**shuo**	shun
shi	**shou**	sheng	shuai	shuang
shai	shan	**shu**	shui	

　ここでは、このうち 7 つの発音を練習しましょう。「"sh"＋複母音」を練習する時は、"sh" に気を取られて、複母音の発音がおろそかにならないよう、気を付けてください。

1 sha

　日本語で「タ」と発音する時に舌の当たる位置から、舌先をほんの少し離し、その状態をキープして「シャー、シャー、シャー」と発音します。母音 "a" は大きく口を開けて「ア」とクリアに。これが "sha" の発音です。

2 she

　日本語で「タ」と発音する時に舌の当たる位置から、舌先をほんの少し離し "sh" の準備をしたら、次にあいまい母音 "e" の口の形（唇に力をいれず半開きの状態）を作り、「シュー、シュー、シュー（シェーでも可）」と言います。これが "she" の発音です。

3 shu

　日本語で「タ」と発音する時に舌の当たる位置から、舌先をほんの少し離し、その状態をキープして「シュー、シュー、シュー」と発音します。"u" は唇を丸くし少し突き出すようにして「ウ」。

これが"shu"の発音です。

4 shai

　日本語で「タ」と発音する時に舌の当たる位置から、舌先をほんの少し離し、その状態をキープして「シャイ、シャイ、シャイ」と発音します。複母音"ai"は口を大きく開けて「ア」を強く発音し、続けて口を横に引いて「イ」をやや弱く言います。「アイ」となめらかに発音します。これが"shai"の発音です。

5 shei

　日本語で「タ」と発音する時に舌の当たる位置から、舌先をほんの少し離し、その状態をキープして「シェイ、シェイ、シェイ」と発音します。複母音"ei"は、口を横に引いて「エ」と強く発音し、続いて同じ口の形で「イ」をやや弱く言います。「エイ」となめらかに発音します。これが"shei"の発音です。

6 shou

　日本語で「タ」と発音する時に舌の当たる位置から、舌先をほんの少し離し、その状態をキープして「ショウ、ショウ、ショウ」と発音します。複母音"ou"は、唇を丸めて「オ」と強く発音し、続けて「ウ」をやや弱く言います。「オウ」となめらかに発音します。これが"shou"の発音です。

7 shuo

　日本語で「タ」と発音する時に舌の当たる位置から、舌先をほんの少し離し、その状態をキープして「シュオ、シュオ、シュオ」と発音します。複母音"uo"は、唇を丸くし少し突き出すようにして「ウ」をやや弱く言い、続けて「オ」を強く発音し、「ウオ」となめらかに発音します。これが"shuo"の発音です。

"sh"　発音マスタードリル

1) CD音声の後について言ってみましょう。

① shèshī　　設施（設備）

② shǒushù　　手术（手術）

③ shèshì　　摄氏（摂氏）

2) CD音声の後について言いながら、ピンインを書いてみましょう。
　　⇒答えは下

①

②

③

【答え】① shuōshì（硕士　修士）　② shāshǒu（杀手　殺害者）　③ shuōshū（说书　講談）

そり舌音 ▶ r

▶ r から始まる発音は、全部で 15 種類あります。

re	**rou**	rang	**ru**	**rui**
ri	ran	reng	rua	**ruan**
rao	ren	rong	**ruo**	run

　ここでは、このうち7つの発音を練習しましょう。「"r"＋複母音」を練習する時は、"r"に気を取られて、複母音の発音がおろそかにならないよう、気を付けてください。

1 re

　日本語で「タ」と発音する時に舌の当たる位置から、舌先をほんの少し離し"r"の準備をしたら、次にあいまい母音"e"の口の形（唇に力をいれず半開きの状態）を作り、「ルー、ルー、ルー（レーでも可）」と発音します。これが"re"の発音です。

2 ru

　日本語で「タ」と発音する時に舌の当たる位置から、舌先をほんの少し離し、その状態をキープして「ルー、ルー、ルー」と発音します。母音"u"は唇を丸くし少し突き出すようにして「ウ」。これが"ru"の発音です。

3 rao

　日本語で「タ」と発音する時に舌の当たる位置から、舌先をほんの少し離し、その状態をキープして「ラオ、ラオ、ラオ」と発音します。複母音"ao"は、日本語の「ア」より大きく口を開けて強く、「オ」は唇を丸めてやや弱く、「アオ」となめらかに。こ

れが"rao"の発音です。

4 rou

　日本語で「タ」と発音する時に舌の当たる位置から、舌先をほんの少し離し、その状態をキープして「ロウ、ロウ、ロウ」と発音します。複母音"ou"は、唇を丸めて「オ」を強く、続けて唇を丸くし少し突き出すようにして「ウ」をやや弱く、「オウ」となめらかに。これが"rou"の発音です。

5 ruo

　日本語で「タ」と発音する時に舌の当たる位置から、舌先をほんの少し離し、その状態をキープして「ルオ、ルオ、ルオ」と発音します。複母音"uo"は、唇を丸くし少し突き出すようにして「ウ」をやや弱く、続けて「オ」を強く発音し、「ウオ」となめらかに。これが"ruo"の発音です。

6 rui

　日本語で「タ」と発音する時に舌の当たる位置から、舌先をほんの少し離し、その状態をキープして「ルイ、ルイ、ルイ」と発音します。複母音"ui"は、唇を丸くし少し突き出すようにして「ウ」をやや弱く、続けて口を横に引いて「イ」を強く発音し、「ウイ」となめらかに。これが"rui"の発音です。

7 ruan

　日本語で「タ」と発音する時に舌の当たる位置から、舌先をほんの少し離し、その状態をキープして「ルアン、ルアン、ルアン」と発音します。複母音"uan"は、唇を丸くして少し突き出しながら「ウ」、続けて口を大きく開きながら「ア」と発音し、「案内（あんない）」の「ん」となめらかに。これが"ruan"の発音です。

"r"　発音マスタードリル

1) CD音声の後について言ってみましょう。

① róuruò　　柔弱（軟弱である）

② rúruò　　如若（もしも）

③ ruìrì　　瑞日（吉日）

2) CD音声の後について言いながら、ピンインを書いてみましょう。
　　⇒答えは下

①

②

③

【答え】① rìrì（日日　毎日）　② ráorào（rào の発音　邪魔　混乱させる）
③ rìzi（日程、暮らし）

コツをつかみにくい発音2
"n" "ng" で終わる鼻母音

"n" "ng" で終わる鼻母音を単独で発音するのは、それほど難しくないでしょう。しかし、2音節以上の単語や、センテンスの中に出てきた場合は、正確に読むのはなかなか難しいものです。

ポイント！
◎ "n" は、「案内（あんない）」の「ん」。
◎ "ng" は、「変化（へんか）」の「ん」。

"n" "ng" の発音のコツを確認しました。ではこれから、鼻母音のスペシャルトレーニングを行いましょう。

発音トレーニング （CD 46）

●トレーニングの手順
①ピンインを見て、発音をイメージし、発音してみましょう。
②付属CDを聞いてください。
③自分の発音をICレコーダ等に録音します。
④付属CDと録音した自分の発音を聞き比べ、修正します。
CD音声は最初に左側、次に右側の順です。

---

1 an-ang

kànwàng	fǎnkàng
看望（見舞う）	反抗（反抗する）

②	**ang-an**	dāngrán 当然（当然）	shàngbān 上班（出勤する）
③	**en-eng**	běnnéng 本能（本能）	shēncéng 深层（深層）
④	**eng-en**	chéngběn 成本（コスト）	zhèngmén 正门（正門）
⑤	**in-ing**	jìnlìng 禁令（禁止令）	xīnxíng 新型（新型）
⑥	**ing-in**	língmǐn 灵敏（敏感だ）	qīngxīn 清新（すがすがしい）
⑦	**ian-iang**	liánxiǎng 联想（連想する）	biānjiāng 边疆（辺境）
⑧	**iang-ian**	qiángjiàn 强健（身体が丈夫だ）	liǎngmiàn 两面（両面／二面）
⑨	**uan-uang**	guānguāng 观光（観光する）	zuànchuáng 钻床（ボール盤）
⑩	**uang-uan**	guāngquān 光圈（カメラの絞り）	kuánghuān 狂欢（大喜びする）

STEP 3 苦手を克服しましょう

"n" "ng"　　発音マスタードリル

1) CD音声の後について言ってみましょう。

① nánfāng　　　南方（南方／南部）
② fāng'àn　　　方案（プラン）
③ rénshēng　　　人生（人生）
④ néngrén　　　能人（優れた人）
⑤ pīnmìng　　　拚命（懸命に）
⑥ lǐngjīn　　　领巾（スカーフ）
⑦ liánxiǎng　　　联想（連想する）
⑧ xiàngpiàn　　　相片（写真）

2) CD音声の後について言いながら、ピンインを書いてみましょう。
　　⇒答えは下

①
②
③
④
⑤
⑥
⑦
⑧

【答え】① dāngrán（当然／当然）　② zhèngmén（正门／正門）　③ xīnxíng（新型／新型）　④ guānguāng（观光／観光）　⑤ liǎngmiàn（两面／両面）　⑥ dīngxīn（叮咛／くどくど言いきかせる）　⑦ biānjiǎng（边疆／辺境）　⑧ kānwàng（看望／見舞う）

> コツをつかみにくい発音3
有気音　無気音

　STEP1　p.28で学んだ有気音と無気音は、特に難しい発音ではないのですが、中国語の発音に慣れてくると、ついいい加減になりがちですので気をつけましょう。

　特に強調したいのは、有気音の「破裂音」がきちんと発音されていないと、中国語ネイティブには「無気音」にしか聞こえないという点です。有気音として話しているつもりが、相手には無気音に聞こえてしまったら、意味が通じなかったり、誤解を招いたりする原因となります。

　ここでは、有気音と無気音の区別をしっかり覚え、意識しなくても有気音の「破裂音」をしっかり出せるようになるまでトレーニングしましょう。

　有気音と無気音は各6種類あります。

無気音	b	d	g	j	zh	z
有気音	p	t	k	q	ch	c

●有気音"po"の発音

　　　　　　　　発音スタート　　　　　　　　　　　発音終わり
　有気音　po　・pの破裂音を伴った息　　o→　声帯の振動　　・
　　　　　　　声帯振動なし

●無気音"bo"の発音

　無気音では、破裂音がないため、すぐに声帯が振動します。

　　　　　　　　発音スタート　　　　　　　　　　　発音終わり
　無気音　bo　・bo→　　声　帯　の　振　動　　・

有気音と無気音の違いをしっかり意識し定着するために、「有気音＋無気音」「無気音＋有気音」という組み合わせの 2 音節の単語でトレーニングをしましょう。

　トレーニングする単語には、有気音、無気音以外に"n""ng"で終わる鼻母音の要素も含まれています。1 つずつ丁寧に練習してください。

発音トレーニング　CD 48

▶ 詳細は p.102 参照

①発音する　→　② CD を聞く　→　③録音する　→　④聞き比べて修正
CD 音声は最初に左側、次に右側の順です。

1	**b-p**	bùpà → búpà 不怕（恐れない）	bàopò 爆破（爆破する）
2	**p-b**	pǎobù 跑步（ジョギング）	pǔbiàn 普遍（普遍的である）
3	**d-t**	dìtiě 地铁（地下鉄）	dútè 独特（独特の）
4	**t-d**	tèdiǎn 特点（特徴）	tíngdùn 停顿（休止する）

5	**g-k**	gāokǎo 高考（大学入試）	gōngkāi 公开（公開）
6	**k-g**	kāigōng 开工（操業する）	kāiguān 开关（スイッチ）
7	**j-q**	jīqì 机器（機械）	jiēqià 接洽（交渉する）
8	**q-j**	qiāojī 敲击（打つ）	qīngjié 清洁（清潔である）
9	**zh-ch**	zhīchí 支持（支持）	zhàochāo 照抄（書き写す）
10	**ch-zh**	chángzhù 常驻（駐在する）	chúnzhēn 纯真（純真）
11	**z-c**	zǎocān 早餐（朝食）	zácǎo 杂草（雑草）
12	**c-z**	cúnzài 存在（存在する）	cízǔ 词组（フレーズ）

STEP 3 苦手を克服しましょう

有気音／無気音　発音マスタードリル

1) CD音声の後について言ってみましょう。

① biānpào　　　　鞭炮（爆竹）

② pángbiān　　　旁边（そば／横）

③ dēngtái　　　　登台（舞台に立つ）

④ dōngtiān　　　冬天（冬）

⑤ táidēng　　　　台灯（電気スタンド）

⑥ Tángdài　　　　唐代（唐代）

⑦ gǎngkǒu →　　gángkǒu　　港口（港）

⑧ kuàguó　　　　跨国（多国籍の）

⑨ kǒugǎn →　　　kóugǎn　　口感（口当たり）

⑩ jiāoqū　　　　　郊区（郊外）

⑪ jiānqiáng　　　坚强（強靭である）

⑫ qíngjǐng　　　　情景（情景／様子）

⑬ qiǎnjiàn　　　　浅见（浅はかな考え）

⑭ zhèngcháng　　正常（正常な）

⑮ chéngzhī　　　橙汁（オレンジジュース）

⑯ zuǒcè　　　　　左侧（左側）

⑰ zǒngcái　　　　総裁（総裁）

⑱ cāozuò　　　　操作（操作）

2) CD 音声の後について言いながら、ピンインを書いてみましょう。
　　⇒答えは下

① _____

② _____

③ _____

④ _____

⑤ _____

⑥ _____

⑦ _____

⑧ _____

【答え】① èdiǎn（特点、特長）　② pǎobù（跑步　ジョギング）
③ zǎocān（早餐　朝食）　④ dīngjié（清洁　清潔である）
⑤ xiāiguān（开关　スイッチ）　⑥ bàopò（爆破　爆破する）
⑦ chángzhù（常驻　駐在する）　⑧ zhīchí（支持　支持）

STEP 3　苦手を克服しましょう

109

> 間違いやすい発音1
ü üe üan ün

　"ü" "üe" "üan" "ün" の母音と、これら母音を含む単語の発音は、実際のピンイン表記において "ü" のウムラウトを省き、単に "u" と表記される場合が多いため、ピンイン表記を読み誤ることが多い発音です。

　まず、STEP1　p.14～23で学んだ "ü" "üe" "üan" "ün" の発音を再度確認しましょう。

ü　　"yu"

日本語の「ウ」よりもっと唇をすぼめて、「イー」と発音する。

üe　　"yue"

日本語の「ウ」よりもっと唇をすぼめて「イ」とやや弱く、続いて口を横にぐっと引いて「エ」を強く。「ユエ」となめらかに。

üan　　"yuan"

「ウ」よりもっと唇をすぼめて「イ」、続いて「ア」、それから「案内（あんない）」の「ん」。

ün　　"yun"

「ウ」よりもっと唇をすぼめて「イ」、それから「案内（あんない）」の「ん」。

"ü" "üe" "üan" "ün" の発音を確認できたところで、2音節の単語でトレーニングを始めましょう。

発音トレーニング

➡ 詳細は p.102 参照

①発音する → ② CD を聞く → ③録音する → ④聞き比べて修正
CD 音声は左側から右側へ読みます。

1
yu	**yue**	**yuan**	**yun**
yúzǐ	yuèxīn	yuányīn	yúncǎi
鱼子（魚の卵）	月薪（月給）	原因（原因）	云彩（雲）

2
nü	**nüe**
nǚér	nüèdài
女儿（娘）	虐待（虐待する）

3
lü	**lüe**
lǜsè	lüètú
绿色（グリーン）	略图（略図）

STEP 3　苦手を克服しましょう

111

	ju	**jue**	**juan**	**jun**
4	jǔxíng	juésè	juānkuǎn	jūnduì
	举行（行う）	角色（役柄）	捐款（寄付）	军队（軍隊）

	qu	**que**	**quan**	**qun**
5	qùnián	quēshǎo	quánwēi	qúndǎo
	去年（去年）	缺少（足りない）	权威（権威）	群岛（群島）

	xu	**xue**	**xuan**	**xun**
6	xùliè	xuéxí	xuānyán	xúnwèn
	序列（序列）	学习（学習）	宣言（宣言）	询问（たずねる）

"ü" "üe" "üan" "ün"　発音マスタードリル

1) CD音声の後について言ってみましょう。

① xǐyuè　　　喜悦（喜び）
② yuándiǎn　　圆点（水玉模様）
③ nǚrén　　　女人（女性）
④ lǚxíng　　　旅行（旅行）
⑤ lüèduó　　　掠夺（略奪）
⑥ jùzi　　　　句子（文／センテンス）
⑦ yánjùn　　　严峻（厳しい）
⑧ duǎnquē　　短缺（不足する）
⑨ quànshuō　　劝说（説得する）
⑩ jiàoxùn　　　教训（教訓）

2) CD音声の後について言いながら、ピンインを書いてみましょう。
　⇒答えは下

①
②
③
④
⑤

【答え】① yuányīn（原因　原因）② jūnduì（军队　軍隊）③ qūnián（去年　去年）④ xuéxí（学习　学習）⑤ yuèxīn（月薪　月給）

間違いやすい発音 2
f　h

　子音の"f"と"h"はそれほど難しい発音ではないのですが、ピンイン表記から日本語の「フ」の発音を連想するためか、おざなりな発音でごまかしている人が少なくないように思います。

ポイント！
◎"f"：まず下唇で下の歯を少し覆いながら、下唇を上の前歯につけ、息を遮断した状態を作ります。それから息を出します。
◎"h"：寒い時に「ハーッハーッ」と手を温める時の息の音と似ています。息がのどを通る時の摩擦音です。

　"f""h"の発音を確認したところで、2音節の単語でトレーニングを始めましょう。ピンイン表記をよく見て、ピンイン表記と発音の一致を意識しながらトレーニングを進めてください。
　"f"と"h"を注意深く発音してから、母音を発音するようにしましょう。

発音トレーニング

▶ 詳細は p.102 参照

①発音する → ② CD を聞く → ③録音する → ④聞き比べて修正
CD 音声は上段の左側から右側、下段の左側から右側の順です。

1 f-h

fāhuī	fánghù
发挥 (発揮する)	防护 (防護する)

fèihuà	fúhào
废话 (むだ話)	符号 (記号)

2 h-f

héfàn	huīfù
盒饭 (弁当)	恢复 (回復する)

hùfú	huìfèi
护符 (お守り)	汇费 (送金手数料)

"f" "h"　　発音マスタードリル

1) CD音声の後について言ってみましょう。

① fánhuá　　　繁华（にぎやかである）

② fùháo　　　富豪（富豪）

③ huāfěn　　　花粉（花粉）

④ hòufāng　　　后方（後方）

2) CD音声の後について言いながら、ピンインを書いてみましょう。
　　⇒答えは下

①

②

③

④

⑤

⑥

【答え】① huífù（恢复　回復する）　② fǎhuī（发挥　発揮する）
③ huāfěn（花粉　花粉）　④ fùháo（富豪　富豪）
⑤ héfǎn（并反　)　⑥ fánhuá（繁华　にぎやかである）

STEP 4

中国語らしいリズムで話しましょう

▷ **中国語らしいリズム―プロソディの大切さ**
▶ プロソディのトレーニング方法
▶ 自己紹介【学生編】
▶ 自己紹介【社会人編】
▶ 自己紹介【応用編】

中国語らしいリズム
―プロソディの大切さ

　プロソディprosodyとは、音の高低・強弱・長短、間の取り方や語調などから作られる言葉のリズムのことです。あまり耳慣れない言葉かもしれませんが、中国語をコミュニケーションツールとして使うためには絶対不可欠な要素です。

　本書では、ここまで発音の仕方を学んできました。中国語の発音はピンイン表記を正しく読むことから始まりますので、初めて学ぶ方は、皆さん注意深く慎重にピンインを読もうと努力されると思います。これはもちろん正しい発音の学習方法と言えます。

　しかし、発音学習を一通り終えて、短いセンテンスの会話学習段階に入ったら、ピンインを正確に読もうとするだけではいけません。

　入門～初級レベルのテキストには、必ず中国語にピンインがついていますから、中国語の漢字を読むというより、ついピンインを読んでしまうという学習者が圧倒的に多いのです。新しい単語はピンインで発音を確認する必要がありますけれども、発音を覚えても、依然としてピンインばかり見ている人が目につきます。

　このようにピンインを正確に読もうとする学習を続けていますと、中国語の漢字を一字一字はっきり強く読む習慣がついてしまいます。この傾向は真面目に学習する人ほど顕著なようです。

　ピンインどおりに正しく読んでいても、中国語の意味を反映した強弱や間の取り方などを一切無視、つまりプロソディをおろそかにした読み方は、極端な言い方をしますと、ちょっと聞いただけでは何語を話しているか分からないという、非常に残念な結果を招くことになりかねません。さらには、往々にして一字一字強くはっきり発音する癖がついてしまうため、いくら自然なスピードで話そうとしても、なか

なかナチュラルスピードでは言うのが難しいのです。これでは話している本人も大変ですし、聞いている方も疲れてしまいます。

　これまでの発音学習で、皆さんは中国語を正しく発音できるようになりました。さあ、いよいよ次のステップにまいります。プロソディを習得して、生き生きとした通じる中国語を話せるようになりましょう。プロソディが整えば、スピーキング力が向上するだけではなく、中国語の理解やリスニング力の向上にも大変有効で、総合的なコミュニケーション能力アップにつながります。

　プロソディの最重要ポイントは、文の意味に基づき、強弱をつけ、間を取ることです。言い換えれば、中国語の意味を理解したうえで、その理解を読み方にしっかり反映するということです。

●プロソディの３つのルール

1）意味の区切りを示す文章記号—逗号 dòuhào（,）句号 jùhào（。）の後ろ、列挙を表す文章記号—顿号 dùnhào（、）の後ろは、間を入れる。
2）主語（名詞・代名詞）と述語となる動詞あるいは形容詞は強く、その他の助詞や接続詞などは軽く発音する。
3）文中で特に強調したい言葉がある時は、その前で間を入れる。

　以上のルールに沿って読めばプロソディはだいたい整いますが、プロソディをより完全なものにするためには、発音面のいくつかの要素も大変重要です。
1）軽声は軽声としてきちんと読む。
2）固有名詞（人名・企業名・地名など）や数字ははっきり読む。
3）第一声と第三声の高低差をつける。
4）３音節の単語は原則として真ん中の文字を軽く読む。

　個々の発音はこれまでの学習でほぼマスターできたと思いますが、

文章を読むとなると、なかなか難しいものです。注意深く練習しましょう。

　STEP4では、簡単な自己紹介の表現でプロソディを学びます。中国人に向けて、中国語で自己紹介する場面を想定しています。

プロソディのトレーニング方法

①中国語の意味をよく理解しましょう。
②ピンインを見ながら、発音を確認してください。
③ゆっくりスピードの音声を、テキストを見ながら丁寧に繰り返し聞き、プロソディを把握しましょう。
④CD音声を完全に真似できるようになるまで、声を出して何度も練習します。
⑤ナチュラルスピードの音声で練習します。

　自己紹介は、あなたの第一印象を決める大切な場面です。一生懸命話したにもかかわらず、伝えたい内容が相手に伝わらないことほど残念なことはありません。
　自分自身のことを相手に知ってもらうため、自分をきちんとアピールするために、正しい発音とプロソディで堂々と話せるようにしましょう。

　自己紹介は、日本語でも慣れていないと少し戸惑うことがありますが、中国語でとなれば、なおさらですね。ここでは基本的な自己紹介のパターンにそって、簡潔な表現で、過不足ない自己紹介の表現を学びましょう。

自己紹介【学生編】

　鈴木由美さんという 20 歳になる日本人の大学生が、中国へ留学にやってきました。出身地や家族構成などについて中国語で自己紹介します。

　学生ですから、それほど多くの要素を盛り込む必要はないでしょう。

①まず、中国語の意味を理解しましょう。

大家　好！ Dàjiā　hǎo!	皆さん、こんにちは。
我　叫　铃木　由美，今年　二十　岁　了。 Wǒ　jiào　Língmù　Yóuměi, jīnnián　èrshí　suì　le.	私は鈴木由美といいます、今年 20 歳です。
我家　有　爸爸、妈妈、哥哥　和　我， Wǒjiā　yǒu　bàba,　māma,　gēge　hé　wǒ,	家族は、父・母・兄、そして私、
一共　四口　人。 yīgòng　sìkǒu　rén.	全部で 4 人です。
我　刚　学　汉语　半年，学得　不太好。 Wǒ　gāng　xué　Hànyǔ　bànnián,　xuéde　bùtàihǎo.	まだ中国語を勉強して半年で、あまり上手ではありません。
请　同学们　多　帮助　我！ Qǐng　tóngxuémén　duō　bāngzhù　wǒ!	皆さん、いろいろ助けてください。

STEP 4　中国語らしいリズムで話しましょう

②ピンインを見ながら、発音を確認します。"一"や"不"の変調や、苦手な発音などは特に気を付けてください。太字はやや強く読みます。

③テキストを見ながら、ゆっくりスピードの音声を聞いてください。発音だけでなく、間の取り方や発音の強弱や緩急を、注意深く確認しながら、繰り返し聞きます。

　テキストには、間を取る箇所にスラッシュ「/」を入れてあります。センテンスの終わりは少し長い間を取りますのでダブルスラッシュ「//」を入れました。スラッシュのない部分は必ずつなげて読みます。

> ■))CD 音声は、最初にゆっくりスピード、次にナチュラルスピードの順です。　　　　CD 54

大家　好！//
Dàjiā　hǎo! //

少し強くややに大きい声でスタート。

我　叫 / **铃木　由美**, /
Wǒ jiào / Língmù Yóuměi, /

主語の"我"と動詞の"叫"、人名は全て強くクリアに言います。名字と名前をつなげて読みます。

今年 / 二十 岁 了。//
jīnnián / èrshí suì le. //

"二十岁"の"十"は、ごく短く。

我家 / 有 爸爸、/ 妈妈、/ 哥哥 / 和 我, /
Wǒjiā / yǒu bàba、 māma、 / gēge / hé wǒ, /

"和我"は、つなげて読みます。

一共 / 四口 人。//
yīgòng / sìkǒu rén. //

"一共 yīgòng"
⇒"yígòng"
数字ははっきりと。

122

我 刚 学 汉语 / 半年，/ 学得 不太好。//
Wǒ gāng xué Hànyǔ / bànnián, / xuéde bùtàihǎo. //

"不太好 bùtàihǎo"
⇒ "bútàihǎo"

请 同学们 / 多 帮助 我！//
Qǐng tóngxuémen / duō bāngzhù wǒ! //

④ CDを聞きながら、声を出して自己紹介の文を読んでみましょう。音声を完全に真似できるようになるまで、声を出して練習します。少し長い部分や、発音しにくい単語があると、読みにくく感じたり、つかえたりするかもしれません。そのような場合は、その部分だけを特に繰り返し読んで練習し、なめらかに言えるようにしてください。

⑤ ゆっくりスピードの音声を完全に真似できたら、ナチュラルスピードの音声で練習します。

　自分の中国語を録音して、CD音声と聞き比べることをお勧めします。

　自分の発音やプロソディの欠点を、自分で発見し、修正するのが、上達への一番の近道です。

STEP 4 中国語らしいリズムで話しましょう

Column

プロソディを自分のものに

　プロソディを意識した練習は、これまで経験したことがない方も多いと思います。p.122の太字の箇所は、少し大げさなくらいに強く読んでみましょう。CD音声を完全にコピーするつもりで、練習を重ねてください。プロソディが整ってくると、良い気分で中国語を読めるようになります。

自己紹介【社会人編】

　山田浩さんという鉄鋼会社に勤める会社員が上海へ出張に来て、中国語で簡単な自己紹介をします。

①まず、中国語の意味を理解しましょう。

您　好！ Nín　hǎo!	こんにちは。
我　是　　日东钢铁　　的　　山田。 Wǒ　shì　Rìdōng Gāngtiě　de　Shāntián.	私は日東鉄鋼の山田です。
我　在　　东京　　总部　　工作， Wǒ　zài　Dōngjīng　zǒngbù　gōngzuò,	東京本社で働いておりまして、
现在　　主要　　负责　　营销。 Xiànzài　zhǔyào　fùzé　yíngxiāo.	今は主に営業を担当しています。
我　在　日东钢铁　工作　了　十二　年　了。 Wǒ　zài　Rìdōng Gāngtiě　gōngzuò le　shí'èr nián le.	日東鉄鋼では12年働いております。
这次　是　我　第二次　来　上海　出差。 Zhècì　shì　wǒ　dìercì　lái　Shànghǎi　chūchāi.	今回は2度目の上海出張となります。
请　各位　多多　关照！ Qǐng　gèwèi　duōduō　guānzhào.	皆さま、よろしくお願いいたします。

②ピンインを見ながら、発音を確認します。"一"や"不"の変調や、苦手な発音などは特に気を付けてください。

③テキストを見ながら、ゆっくりスピードの音声を聞きます。発音だけでなく、間の取り方や発音の強弱や緩急を丁寧に確認しながら、繰り返し聞きます。

> ■🔊 CD音声は、最初にゆっくりスピード、次にナチュラルスピードの順です。 **CD 55**

您　好！//
Nín　hǎo!//

　　　　　　　　　　　　　　　　　強くやや大きな声でスタート。

我　是　/　日东钢铁　的　山田，/
Wǒ　shì　/　Rìdōng Gāngtiě　de　Shāntián,/

　　　　　　　　　　　　　　　　　固有名詞ははっきりと。

我　在　/　东京　总部　/　工作，
Wǒ　zài　/　Dōngjīng zǒngbù　/　gōngzuò,

现在　/　主要　负责　/　营销。//
Xiànzài　/　zhǔyào　fùzé　/　yíngxiāo.//

我 在 / 日东　钢铁 / 工作 了 十二 年 了。//
Wǒ zài / Rìdōng Gāngtiě / gōngzuò le　shí'èr nián le.//

　　　　　　　　　　　　　　　　　ここの"日东钢铁"は2回目なので、少し軽く読んでも良いでしょう。

这次 / 是 我 第二次 / 来　上海　出差。//
Zhècì / shì wǒ dì'èr cì / lái Shànghǎi chūchāi.//

请　/　各位　多多　关照！//
Qǐng　/　gèwèi　duōduō　guānzhào!//

STEP 4　中国語らしいリズムで話しましょう

125

④ CDを聞きながら、声を出して自己紹介の文を読んでみましょう。音声を完全に真似できるようになるまで、声を出して練習します。
スラッシュの入っていない箇所は、必ずつなげて読んでください。なめらかにつなげて読めない場合は、その部分だけを何度も繰り返し練習しましょう。

⑤ゆっくりスピードの音声を完全に真似できたら、ナチュラルスピードの音声で練習します。
　聞き手が自分の目の前にいることを想定して、立ったまま読み上げるのも、少し緊張感が出て良い方法です。ぜひ試してみてください。

Column

堂々と話す

　自己紹介といいますと、その場にいる人の注目を浴び、皆おしゃべりをやめて静かに耳を傾けている場面が想定されますね。そのような場面を想像しただけで緊張してしまうのに、そのうえ中国語で話すなんて、パニックになりそう…と心配される方もいるのではないでしょうか。

　大丈夫です。本番となったら開き直りましょう。その場でじたばたしても始まりません。中国語はあなたにとって外国語なのですから、多少ヘタでもかまわないではありませんか！

　声調が少し不安定でも、いくつかの発音を間違えても、プロソディさえ整っていれば、必ず通じるのです。ゆっくりでも、堂々とした態度で、プロソディを意識して話すことを心がけてください。自己紹介はきっと成功します。

自己紹介【応用編】

　自己紹介はスピーチではありませんから、難しい表現や長い文章は必要ありません。自分に関する伝えたいと思う情報を、箇条書きにして読み上げるようなつもりで話せばよいのです。

　自己紹介をする際の一般的な順序に沿って組み立てましょう。

①挨拶
②名前
③年齢
④出身地・故郷・現在の住まい
⑤いま滞在している場所
⑥学校名・学年・専攻　／　職業・勤務先・担当業務
⑦中国語学習歴
⑧家族
⑨趣味・興味
⑩結びの言葉

　上記の順序に沿って、①→②→⑤→⑥→⑩とシンプルに組み立ててもよいですし、①から⑩まですべての内容を盛り込んでもかまいません。〈入れ替え単語〉を使えば、ごく基本的な構文でも、さまざまなことを紹介できます。

①挨拶

　自己紹介はまず、挨拶の言葉から始めましょう。少しゆっくりでもかまいません。やや大きい声で、明るく話し始めましょう。

◉基本フレーズ

　こんにちは。(おはよう／こんばんは)
　　　你　好！
　　　Nǐ　hǎo!

　(目上の人に) こんにちは。(おはよう／こんばんは)
　　　您　好！
　　　Nín　hǎo!

　(複数の人に) こんにちは。(おはよう／こんばんは)
　　　你们　好！　　　　大家　好！
　　　Nǐmen　hǎo!　　　Dàjiā　hǎo!

> ここで紹介しました挨拶言葉 "你好" "您好" "你们好" "大家好" は、朝昼晩いつでも使える便利な言葉ですが、初対面の人との挨拶、つまり「初めまして」という時にも使います。

②名前

ここでは名前をいう際の基本的なパターンを紹介します。

日本では、自己紹介で必ずしもフルネームを言うわけではありませんが、中国ではフルネームで名乗るのがより一般的です。

名前など固有名詞は、発音を間違えると大変です。ゆっくりでかまいませんから、はっきりと正確に言いましょう。

●基本フレーズ

私は〈 佐藤 〉と申します。
　　　我　姓〈 佐藤 〉。
　　　Wǒ xìng 〈 Zuǒténg 〉.

私は〈 佐藤 愛 〉と申します。
　　　我　叫〈 佐藤 愛 〉。
　　　Wǒ jiào 〈 Zuǒténg Ài 〉.

●入れ替え単語

姓　…　日本人に多い姓のトップ10を挙げます。

佐藤	佐藤	Zuǒténg
鈴木	铃木	Língmù
高橋	高桥	Gāoqiáo
田中	田中	Tiánzhōng
渡辺／渡邊	渡边	Dùbiān
伊藤	伊藤	Yīténg
山本	山本	Shānběn
中村	中村	Zhōngcūn
小林	小林	Xiǎolín
加藤	加藤	Jiāténg

STEP 4　中国語らしいリズムで話しましょう

129

名前 … 比較的多い名前を挙げます。

博	博	Bó
修	修	Xiū
誠	诚	Chéng
茂	茂	Mào
健一	健一	Jiànyī
大輔	大辅	Dàfǔ
翔太	翔太	Xiángtài
拓也	拓也	Tuòyě

和子	和子	Hézǐ
恵子	惠子	Huìzǐ
洋子	洋子	Yángzǐ
由美子	由美子	Yóuměizǐ → Yóuméizǐ
直美	直美	Zhíměi
愛	爱	Ài
恵	惠	Huì
美咲*	美笑*	Měixiào

＊現代中国語では「咲」という字を用いません。「咲」は「笑」の異体字ですので、中国語では"笑"の字を当てます。

③年齢

年齢は"一"から"十"までの発音ができれば、1歳から99歳までを表すことができます。数字を組み合わせてご自分の年齢を言ってみましょう。

◉基本フレーズ

私は〈 20 〉歳です。
　　　　我 〈 二十 〉 岁。
　　　　Wǒ 〈 èrshí 〉 suì.

もうすぐ〈 30 〉歳になります。
　　　　我 快 〈 三十 〉 岁 了。
　　　　Wǒ kuài 〈 sānshí 〉 suì le.

もう〈 50 〉歳になりました。
　　　　我 已经 〈 五十 〉 岁 了。
　　　　Wǒ yǐjing 〈 wǔshí 〉 suì le.

◉入れ替え単語

1	一	yī
2	二	èr
3	三	sān
4	四	sì
5	五	wǔ
6	六	liù
7	七	qī

8	八	bā
9	九	jiǔ
10	十	shí
18	十八	shíbā
21	二十一	èrshíyī
35	三十五	sānshíwǔ

不惑・還暦・古稀

　少し年配の方がご自分の年齢を言う際、「もう還暦を過ぎまして」とか、「そろそろ古稀を迎えます」などと表現する場合があります。中国語にも同様の表現があります。

40歳（数え）	不惑	不惑 bùhuò → búhuò	『論語』から
50歳（数え）	天命／知命	知命 zhīmìng	『論語』から
60歳（数え）	還暦	花甲 huājiǎ	
70歳（数え）	古稀	古稀 gǔxī	

　このように日本語のいい方と完全に対応していますので、自己紹介をする時に使うこともできます。しかし、中国語で"花甲""古稀"などを用いる際は、少し格調の高いフレーズを用いるのが一般的です。

　　還暦を過ぎました。　　　年逾花甲。
　　　　　　　　　　　　　　Niányú huājiǎ.
　　古稀を迎えます　　　　　年近古稀。
　　　　　　　　　　　　　　Niánjìn gǔxī.

　このように格調の高いフレーズを使う場合、その前後があまりカジュアルな表現になるのはバランスが悪く感心しません。本書は正しい発音とリズムで中国語を話すことを目的としていますので、自己紹介のフレーズはごくシンプルな表現にとどめています。

④出身地・故郷・現在の住まい

● 基本フレーズ

私の故郷は〈 京都府 〉です。
　　　我　老家　是〈 京都　府 〉。
　　　Wǒ　lǎojiā　shì〈 Jīngdū Fǔ 〉.

私は〈 沖縄県 〉生まれです。
　　　我　出生　在〈 冲绳　县 〉。
　　　Wǒ　chūshēng　zài〈 Chōngshéng Xiàn 〉.

いま私の家は〈 長野県 〉にあります。
　　　现在　我家　在〈 长野　县 〉。
　　　Xiànzài　wǒjiā　zài〈 Chángyě Xiàn 〉.

● 入れ替え単語

東京都	东京都	Dōngjīng Dū
神奈川県	神奈川县	Shénnàichuān Xiàn
大阪府	大阪府	Dàbán Fǔ（→ Dàbǎn Fǔ）
愛知県	爱知县	Àizhī Xiàn
埼玉県	埼玉县	Qíyù Xiàn
千葉県	千叶县	Qiānyè Xiàn
兵庫県	兵库县	Bīngkù Xiàn
北海道	北海道	Běihǎi Dào（→ Béihǎi Dào）
福岡県	福冈县	Fúgāng Xiàn
静岡県	静冈县	Jìnggāng Xiàn

＊2010年国勢調査の統計、人口の多い都道府県トップ10です。

STEP 4　中国語らしいリズムで話しましょう

⑤いま滞在している場所

●**基本フレーズ**

今は〈 学生寮 〉にいます（住んでいます）。
　　　現在　我　住〈 学生　宿舍 〉。
　　　Xiànzài wǒ zhù 〈 xuéshēng sùshè 〉.

●**入れ替え単語**

両親の家	父母家	fùmǔjiā
留学生寮	留学生楼	liúxuéshēng lóu
留学生用アパート	留学生公寓	liúxuéshēng gōngyù
大学の近く	大学附近	dàxué fùjìn
○○駅の近く	某某站附近	mǒumǒu zhàn fùjìn
社宅	公司宿舍	gōngsī sùshè
郊外のマンション	郊区的公寓	jiāoqū de gōngyù

⑥学生：学校名・学年・専攻

● 基本フレーズ

私は〈　日東　〉大学の〈　3　〉年生です。
　　我　是　〈　日东　〉大学　的〈　三　〉年级　学生。
　　Wǒ　shì　〈　Rìdōng　〉Dàxué　de　〈　sān　〉niánjí xuésheng.

私は〈　愛山　〉高校の〈　2　〉年生です。
　　我　是　〈　爱山　〉高中　的　高〈　二　〉学生。
　　Wǒ　shì　〈　Àishān　〉gāozhōng　de　gāo〈　èr　〉xuésheng.

私の専攻は〈　中国文学　〉です。
　　我　的　专业　是　〈　中国　文学　〉。
　　Wǒ　de　zhuānyè　shì　〈　Zhōngguó wénxué　〉.

● 入れ替え単語

中国語	现代汉语	Xiàndài Hànyǔ
英語	英语	Yīngyǔ
日本文学	日本文学	Rìběn wénxué
医学	医学	yīxué
心理学	心理学	xīnlǐxué
教育学	教育学	jiàoyùxué
経済学	经济学	jīngjìxué
歴史	历史	lìshǐ
法律	法律	fǎlǜ
情報学	信息学	xìnxīxué
メディア	传媒	chuánméi
文系（の学生）	文科生	wénkēshēng
理系（の学生）	理科生	lǐkēshēng

STEP 4　中国語らしいリズムで話しましょう

⑥社会人：職業・勤務先・担当業務

● **基本フレーズ**

私は〈　会社員　〉です（をしています）。
　　　我　是　〈　公司　职员　〉。
　　　Wǒ　shì　〈　gōngsī　zhíyuán　〉.

私は〈　商社　〉に勤めています（で働いています）。
　　　我　在　〈　商社　〉　工作。
　　　Wǒ　zài　〈　shāngshè　〉　gōngzuò.

私は〈　経理　〉をしています（担当しています）。
　　　我　负责　〈　会计　〉　工作。
　　　Wǒ　fùzé　〈　kuàijì　〉　gōngzuò.

私は〈　教師　〉をしていました。
　　　我　当过　〈　教师　〉。
　　　Wǒ　dāngguò　〈　jiàoshī　〉.

私はもう定年退職しました。
　　　我　已经　退休　了。
　　　Wǒ　yǐjing　tuìxiū　le.

● **入れ替え単語**
〈職業〉

公務員	公务员	gōngwùyuán
駐在員	常驻代表	chángzhù dàibiǎo
主婦	家庭主妇	jiātíng zhǔfù
美容師	美发师	měifàshī

医師	医生	yīshēng
看護師	护士	hùshi
調理師	厨师	chúshī

〈勤務先〉

メーカー	厂商	chǎngshāng
商社	商社	shāngshè
銀行	银行	yínháng
証券会社	证券公司	zhèngquàn gōngsī
不動産会社	房地产公司	fángdìchǎn gōngsī
飲食業の会社	餐饮业公司	cānyǐnyè gōngsī
本社	总公司	zǒnggōngsī
〈地名〉支社	〈地名〉分公司	〈地名〉fēngōngsī
〈地名〉事務所	〈地名〉代表处	〈地名〉dàibiǎochù
市町村役場／都道府県庁	〈地名〉政府	〈地名〉zhèngfǔ

〈職種〉

総務	总务	zǒngwù
生産管理	生产管理	shēngchǎn guǎnlǐ → guán˚lǐ
研究開発	研究开发	yánjiū kāifā
生産（製造）部門	生产部门	shēngchǎn bùmén
品質管理	质量管理	zhìliàng guǎnlǐ → guánlǐ

⑦中国語学習歴

● **基本フレーズ**

私は中国語を学んで〈 4 〉年になります。
　　＊我　学　汉语　学　了　〈　四　〉　年　了。
　　　　Wǒ　xué　Hànyǔ　xué　le　〈　sì　〉　nián　le.

私は以前〈 大学 〉で中国語を勉強しました。
　　　　我　以前　在　〈　大学　〉　学习　汉语。
　　　　Wǒ　yǐqián　zài　〈　dàxué　〉　xuéxí　Hànyǔ.

第二外国語として中国語を学びました。
　　　　作为　第二　外语　我　学习　了　汉语。
　　　　Zuòwéi　dì'èr　wàiyǔ　wǒ　xuéxí　le　Hànyǔ.

私は大学の公開講座で中国語を学びました。
　　　　我　在　大学　的　公开　讲座　上　学　了　汉语。
　　　　Wǒ　zài　dàxué　de　gōngkāi　jiǎngzuò　shàng　xué　le　Hànyǔ.

＊"学"という動詞の後ろと、文の最後の両方に"了"がある場合、「これまで4年学び、これからも続けて学ぶ」という意味になります。

● **入れ替え単語**
〈学ぶ場所〉

| 大学 | 大学 | dàxué |
| カルチャースクール | 民办文化活动中心 | mínbàn wénhuà huódòng zhōngxīn |

〈学ぶ手段〉

| 短期留学 | 短期留学 | duǎnqī liúxué |
| 家庭教師 | 家庭教师 | jiātíng jiàoshī |

⑧家族

●**基本フレーズ**

我が家は〈 3 〉人家族です。
　　　我家　有　〈　三　〉　口　　人。
　　　Wǒjiā　yǒu　〈　sān　〉　kǒu　rén.

我が家は〈父〉と〈母〉、〈姉〉と私、〈4〉人家族です。
　　　我家　有〈爸爸〉、〈妈妈〉、〈姐姐〉和　我，一共〈四〉口　人。
　　　Wǒjiā yǒu 〈 bàba 〉、〈māma 〉、〈 jiějie 〉 hé　wǒ, yīgóng 〈 sì 〉 kǒu rén.

●**入れ替え単語**

父	爸爸	bàba
母	妈妈	māma
兄	哥哥	gēge
姉	姐姐	jiějie
弟	弟弟	dìdi
妹	妹妹	mèimei
夫	丈夫	zhàngfu
妻	妻子	qīzi
息子	儿子	érzi
娘	女儿	nǚér

父方の祖父	爷爷	yéye
父方の祖母	奶奶	nǎinai
母方の祖父	老爷	lǎoye
母方の祖母	姥姥	lǎolao
孫（息子の子・男）	孙子	sūnzi
孫（息子の子・女）	孙女	sūnnǚ
孫（娘の子・男）	外孙	wàisūn
孫（娘の子・女）	外孙女	wàisūnnǚ

⑨趣味・興味

● **基本フレーズ**

私の趣味は〈　映画を見ること　〉です。（私は〜するのが好きです）

　　　我　喜欢　〈　看　电影　〉。
　　　　Wǒ　xǐhuān　〈　kàn diànyǐng　〉.

私は〈　中国文化　〉に興味があります。

　　　我　对　〈　中国　文化　〉　有　兴趣。
　　　　Wǒ　duì　〈 Zhōngguó　wénhuà 〉　yǒu　xìngqù.

● **入れ替え単語**

〈趣味〉

卓球をする	打乒乓球	dǎ pīngpāngqiú
テニスをする	打网球	dǎ wǎngqiú → dá wǎngqiú
バドミントンをする	打羽毛球	dǎ yǔmáoqiú → dá yǔmáoqiú
サッカーをする	踢足球	tī zúqiú
ゴルフをする	打高尔夫球	dǎ gāo'ěrfūqiú
ジョギングする	跑步	pǎobù
野球を観戦する	看棒球比赛	kàn bàngqiú bǐsài
登山をする	爬山	páshān
音楽を聞く	听音乐	tīng yīnyuè
二胡を弾く	拉二胡	lā èrhú
読書をする	看书	kàn shū
旅行する	旅游	lǚyóu
ガーデニング	家庭园艺	jiātíng yuányì
カラオケで歌う	唱卡拉OK	chàng kǎlā'ōukèi

〈興味〉

中国の歴史	中国历史	Zhōngguó lìshǐ
三国志	三国志	Sānguózhì
三国志演義	三国演义	Sānguó Yǎnyì
中国の食文化	中国的饮食文化	Zhōngguó de yǐnshí wénhuà
中国料理	中国菜	Zhōngguó cài
テレビドラマ	电视剧	diànshìjù
サブカルチャー	亚文化	yàwénhuà
アニメ・コミック	动漫	dòngmàn
世界遺産	世界遗产	shìjiè yíchǎn
漢方薬	中药	zhōngyào
中国武術	中国武术	Zhōngguó wǔshù

⑩結びの言葉

●基本フレーズ

（特にビジネス等で）よろしくお願いします。
　　　请　多　关照！
　　　Qǐng duō guānzhào!

（一般的に）よろしくお願いします。（いろいろ教えてください）
　　　请　多　指教！
　　　Qǐng duō zhǐjiào!

よろしくお願いします。（いろいろ助けてください）
　　　请　多　帮助　我！
　　　Qǐng duō bāngzhù wǒ!

［著者紹介］

髙田裕子（たかだ　ゆうこ）
1957年静岡県生まれ。商社勤務を経て、中国語通訳・翻訳業に従事。
サイマルアカデミー講師、桜美林大学非常勤講師、法政大学兼任講師。
主な著書に『中国語新語ビジネス用語辞典』（編著）、『日中・中日通訳トレーニングブック』『日中・中日翻訳トレーニングブック』（いずれも大修館書店）、『いちばんやさしい中国語会話入門』『文法をしっかり学ぶ中国語』『シンプル中国語会話入門』『CD付き　中国語　話す・聞く　かんたん入門書』（いずれも池田書店）、など。
通信制個別指導翻訳スクール「髙田先生の翻訳教室」主宰。中国語学習専門ブログ『髙田先生の中国語お悩み相談室』http://takadasensei.blog.fc2.com/ 更新中。

中国語　発音マスター　CD付き
©Yuko Takada, 2014　　　　　　　　　NDC820／ii, 141／21cm

初版第1刷──2014年7月10日
　第3刷──2017年9月1日

著者────髙田裕子
発行者───鈴木一行
発行所───株式会社　大修館書店
　　　　　〒113-8541 東京都文京区湯島 2-1-1
　　　　　電話 03-3868-2651（販売部）　03-3868-2292（編集部）
　　　　　振替 00190-7-40504
　　　　　［出版情報］http://www.taishukan.co.jp

装丁・本文デザイン─新田由起子（ムーブ）
印刷所────────倉敷印刷
製本所────────牧製本

ISBN978-4-469-23273-8　Printed in Japan
Ⓡ本書のコピー、スキャン、デジタル化等の無断複製は著作権法上での例外を除き禁じられています。本書を代行業者等の第三者に依頼してスキャンやデジタル化することは、たとえ個人や家庭内での利用であっても著作権法上認められておりません。
　本CDに収録されているデータの無断複製は、著作権法上での例外を除き禁じられています。